부모 코칭이
아이의 미래를 바꾼다

글 전경일 · 이민경

부모 코칭이 아이의 미래를 바꾼다

저자 | 전경일, 이민경

2009년 5월 18일 1판 1쇄 발행
2009년 5월 21일 1판 1쇄 발행

___

이 책을 만든 사람들
책임 기획 | 김경아
기획 | 김경아, 김학언, 이진훈
영업 마케팅 | 홍종남, 이주영

이 책을 함께 만든 사람들
북디자인 | 디박스
삽화(일러스트) | 송진욱 님
출력 | (주)한국커뮤니케이션 송호준 님, 장준우 님, 신윤철 님, 김길수 님, 유재우 님
종이 | 갑을지업(주) 정동수 님, 김유희 님, 최윤희 님
인쇄 및 제작 | 태성인쇄사 이해성 님, 김태현 님

도움을 주신 분들
「아빠랑 아이랑 친구 되는 행복한 놀이」의 저자 천신애 님, 이주연 님

___

펴낸이 | 김경아
펴낸곳 | 행복한나무
출판등록 | 2008년 12월 10일. 제 2007-5호
주소 | 서울시 중랑구 상봉2동 92-2 시네마시티 905호
전화 | (02) 322-3856 팩스 | (02) 322-3857
홈페이지 | www.ihappytree.com
문의(출판사 e-mail) | book@ihappytree.com
문의(저자 e-mail) | quline@kindssoft.com
※ 이 책을 읽다가 궁금한 점이 있을 때는 저자 e-mail을 이용해주세요.

ⓒ 전경일, 이민경, 2009

ISBN | 978-89-93460-03-2 03370

___

부모 코칭이

아이의 미래를 바꾼다

부모코칭이란 아이의 내적 힘을 어떻게 이끌어내는지,
어떻게 아이와 함께 부모가 성장할 수 있는지를 배우고
실천하는 자녀교육 기본지침을 말합니다.

행복한
나무

아이가
부모를 키운다

두 딸아이를 키우는 나는 때때로 내가 아이들을 키우는 것이 아니라 아이들이 나를 키운다는 생각이 들곤 한다. 첫 애를 낳을 때는 누구나 얼떨결에 부모가 된다. 그러다 곧 새 식구가 늘어난 환경에 익숙해지고, 아이가 자라면 가족으로서 더 큰 정신적 유대와 교감을 나누게 된다. 아이는 항상 가장 가까운 데서 부모의 보호를 받으면서 자란다. 자연스럽게 보호자와 피보호자의 관계가 생기는 것이다.

때론 약하게만 보이던 아이가 부모의 가장 든든한 버팀목이 되어 주기도 한다. 부모가 더욱 힘을 내서 세상을 살아갈 수 있게 해주는 것이다. 아이를 생각한다면 어느 부모인들 힘껏 달리지 않을 수 있겠는가? 아이는 비로소 부모를 어른이 되게 만드는 존재다. 아이는 그처럼 태어날 때부터 놀라운 힘을 지니고 있다.

아이가 자라는 것을 보면서 부모는 한없는 기쁨을 느낀다. 그런 기쁨은 어른으로서 가져야 할 사명감과 책임 의식을 부모의 내면에 불어넣는다. 나아가 아이를 키우는 데 많은 관심과 애정을 쏟게 만든다. 아이 때문에 우리는 부모가 되고, 어른이 되며, 부모로서 어떻게 사는 게 맞는지 참된 의미와 진정한 책임감을 깨닫게 된다. 즉, 아이를 키우면서 부모로서도 점차 성숙해지게 되는 것이다. 나는 이것을 부모가 맞이하는 성장과 숙성의 시간이라고 부르고 싶다. 누구나 그렇지만, 자동차를 운전하는 것과는 비교도 할 수 없을 정도로 중요한 일에 면허도 없이 부모가 된다. 무면허로 결혼하고, 아이를 낳아 기른다. 그제야 온갖 세상을 경험하며 부모의 길을 걷는다.

가정교육은 아이를 가르치려고 하는 것이지만, 정작 이것으로 능력을 키우는 사람은 오히려 부모 쪽이다. 교육의 효과는 양쪽 다 누리지만 더 큰 수혜자는 부모라는 말이다. 아이는 배우고, 부모는 조심하면서 서로가 익히고 가리며 사랑하는 법을 배운다. 이것이 가정 내에서 우리가 익히는 교육의 본질로, 사람 됨됨이를 터득하여 사람다움의 진정한 모양새를 갖춰 간다.

교육방법을 소개한 많은 매뉴얼이 있지만, 이상적 훈육 기술이란 원래 없는 법이다. 아이를 교육하는 방법은 각 나라마다 다르며, 그 안의 수많은 가정에도 각기 저마다의 방법이 있을 것이다. 물론, 그 방법이란 것도 똑같은 게 하나도 없다. 그럼에도 어느 가정에나 보편적인 원칙은 있다. 앞으로 얘기할 거리가 바로 이런 것들이다.

아이와 함께 보내는 방법, 아이의 내면에 잠재되어 있는 능력을 드러내는 방법, 아이가 좀 더 슬기롭게 행동하도록 만드는 방법 등은 모두 기술에 해당된다. 그 이면도 주요 관심사인데, 겉으로 드러나는 현상 뒤에는 언제나 좀 더 궁극적인 삶의 자세가 자리 잡고 있다. 사람답게 키우는 것이지, 육체적으로만 성인인 아이로 키우는 건 아니다. 그러기에 정신적인 만남의 자리와 대화의 장을 마련해 주어야 한다. 이것은 학교나 사회활동을 하면서 자아를 더욱 큰 거울에 비추며, 성숙한 성인으로 아이가 커가도록 인도하는 밑거름이 될 것이다.

아이를 양육하는 과정에서 부모도 정신적으로 단련된다. 겸손과 배려, 칭찬, 우호적 감정들을 아이에게 가르치면서 그들도 다시 사회화 과정을 배운다. 아이가 부모를 자가교육의 과정에 뛰어들게 만드는 셈이다. 부모는 이 과정에서 자신이 어려서 경험했던 가치들을 재경험하기도 한다. 이런 이유로 가정에서 아이와 함께 보내는 시간과 대화, 접촉은 결코 그 의미가 작지 않은데, 우리에게 사랑이란 감정과 깊은 신뢰라는 신념 체계를 형성해 주기 때문이다. 아이가 매일 만날 수 있는 가정이란 둥지보다 더 놀라운 세계가 또 어디에 있을까!

이 책에서는 그동안 아이를 키우면서 느낀 생각들을 바탕 삼아 여러 가지 조언을 제시한다. 내가 누구보다 잘 지키고, 몸소 수행하는 모범이 되기에 할 수 있는 말이 아니다. 이미 몸소 익혀서 어떤 것은 마음속에 깊이 새겼기 때문에 가능한 것이다. 나와 아내는 세상 많은 부모와 마찬가지로 결코 완벽하지 않다. 여전히 많은 시행착오를 거치며 부모가 되는 과정에 놓여 있는 사람들일 뿐이다. 그렇기에 부모가 되면서 느끼는 성찰과 성장을 다룬 이 책의 팁들은 비껴갈 수 없는 주제다.

이 책에서는 부모가 지켜야 할 기준 몇 가지를 살펴볼 것이다. 이를 생활 속에서 실천하고, 스스로 다듬어 간다면 앞으로 더욱 부모답게 행동할 수 있으리라 믿는다. 물론 부모답게 말하고, 행동한다는 것이 말처럼 쉬운 일이 아니라는 것쯤은 알고 있다. 부모도 인간이기에 자신을 먼저 다스려야 하는 과제가 앞에 놓여 있기 때문이다.

우리가 어떤 것을 먹느냐에 따라 건강이 달라지듯, 어떤 '부모 훈련'으로 아이에게 다가가느냐에 따라 커가는 아이의 모습도 달라진다. 앞으로 이 책에서 나열할 많은 조언을 밑거름 삼아 아이와 부모 모두 한 단계 더 성장하게 되기를 바란다.

전경일, 이민경

레시피 2 | 아이를 이해하는 것이 자녀교육의 시작

레시피 3 아이가 크기 전 반드시 해야 할 부모노릇

레시피 **4** 내 아이의 행복을 생각한다면 이것만은 꼭 챙겨라

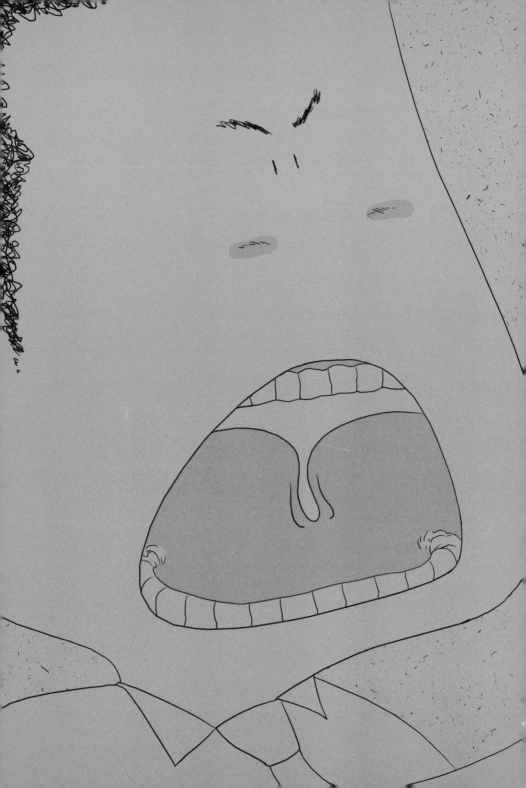

부모와
자식으로
산다는
것

전경일의 위대한 가족연구로 떠나는 동행

애가 애를 키우지

부모와 자식으로 만난다는 것

　　자식을 다섯이나 키우고, 그것도 모자라 한국동란 중에 조실
부모한 시동생과 시누이를 셋이나 뒷바라지해 성가시킨 나의 어
머님에 비하면 우리 부부는 아직 애를 키운다고 말하려면 한참
멀었다. 더구나 훌륭한 부모 근처에도 못 간 나로선 두 손 들고
인정하지 않을 수 없다. 그러기에 자녀교육에서 몇 가지 원칙을
세운다는 게 그분들 눈에는 마치 소꿉장난 같아 보일 것이다.

　　"요즘 애들은 애가 애를 키우는 것 같더구나."

　　서른 안팎까지 가끔 듣던, 부모님이 혀를 차며 하시던 이 말

전경일 이민경 부부의 자녀교육 레시피

씀이 요즘 들어선 웬일인지 종종 그립다. 아버지는 두 해 전 이후로 더는 내게 이런 말씀을 해주시지 못한다. 그분의 말씀은 이제 내 기억 속에나 남아 있다. 바쁜 일상에 문득, 모든 것이 정지해버릴 듯한 찰나에 아버지와 나누었던 추억이 나를 훑고 지나간다. 그럴 때면 곧잘 나는 진짜 어른 없는 빈자리에서 엉거주춤 어른 자리를 물려받은 아이처럼, 마치 몸에 맞지 않는 옷을 걸치고 있는 것처럼 느껴진다. 부모만 한 자식이 어디 있으랴! 나는 그분들이 겪은 그런 희생을 견뎌낼 자신이 없다. 이 점에서 나는 늘 부끄럽다.

자식을 키우며 무던히 속을 썩어도 아이가 재롱을 피우는 모습에서 삶의 시름을 잊고, 100점 맞은 시험지를 코앞에 내밀 때는 한없이 대견하고 흐뭇해지는 등 아이 때문에 맛보게 되는 모든 감정은 다 무조건적 사랑에서 기인한다. 눈에 넣어도 아프지 않은 금쪽같은 내 새끼인 거야 어느 부모인들 똑같지 않겠는가. 그게 어디 인간에게만 해당되는 말이겠는가? 돼지 새끼도 처음 태어났을 때는 얼마나 귀여운지, 강아지는 또 얼마나 보드랍고 따뜻한지……. 다들 본능적으로 제 새끼를 품에 안아 키우며, 새끼 때문에 힘을 낸다.

세상의 수많은 인연 중 부모와 자식으로 만난다는 것, 그것만큼 정말 대단한 인연도 없지 않나 싶다. 그런 대단한 인연으로

만났으니 아직 어린 아이를 고이 보살피라고 부모에게 자식을 향한 무조건적 사랑의 감정을 준 것 아닐까?

얼마 전, 나는 부모가 된다는 것이 진정으로 어떤 의미가 있는지 곰곰이 생각해 보았다.

부모가 된다는 것은 물이 100℃까지 끓는 것과 같다. 사람은 대부분 정신적 성숙도를 99℃까지 끓게 할 수는 있지만 마지막 1℃를 더 끓어오르게 하는 데는 엄청난 노력과 희생이 필요하다. 이 최후의 1℃를 끓어오르게 했을 때, 드디어 부모다운 어른이 되는 것이다. 바로 이 부분에서 부모는 자신의 인성과 사람 됨됨이, 책임감 같은 걸 확인하게 된다. 제 아무리 노력해도 대부분의 부모가 좀처럼 넘기 어려운 지점이 바로 이 마지막 1℃다. 부단한 노력으로 그것을 뛰어넘어선 사람에게는 진정한 부모가 되었다는 라이선스를 부여할 수 있을 것이다.

전경일 이민경 부부의 자녀교육 레시피

　　부모가 된다는 것은 단지 자식을 낳아서 기르는 것만을 뜻하지 않는다. 가장 본능적인 행위만으로도 우리는 자신을 부단히 성장시켜 나갈 수 있다. 하물며 이성적으로 단련되고 훈련된 부모라면 내면이 더욱 견고해졌을 것은 당연하다. 이런 내공은 아이가 부모에게 한없는 존경심과 경건한 마음을 자연스럽게 갖게 한다.

　　나도 이런 부모가 돼야 할 텐데, 여전히 부모다움에서 너무나 멀리 떨어져 있다는 생각을 하게 된다. 세상 모든 부모의 마음을 품은 채 내게도 그런 '어른이 되는 날'이 온다면, 지금의 작은 역할을 뛰어넘어 부모로서 더 큰 성장을 하게 될 것이다. 부모가 된다는 것은 때로 내 인생의 족적을 돌아보게 만든다. 아이들이 있기에 내가 부모의 역할을 잘 감당하고 있는지 매순간 살펴볼 수 있다. 그리고 그런 나는 어느덧 어른다운 부모가 되어 있으리라 믿어 의심치 않는다.

4,734만 명 중 나는 몇 번째 어른에 해당될까?

부모다움을 배워라

몇 해 전, 통계청이 발표한 인구분포표를 바탕으로 어느 일간지에 특별한 기사가 실렸다. 제목은 '우리나라 인구 4,734만 명 중 나는 몇 번째 어른에 해당될까?' 였다. 기사는 친절하게 입시생들의 전국 수능성적 누적분포표처럼 나이대별로 순위를 매겨 놓았다. 아쉽게도 내 나이대인 1964년생은 따로 조사한 자료가 없어 자세히 알 수는 없었지만, 부모님 세대를 매겨 놓은 순위는 한눈에 알 수 있었다.

전경일 이민경 부부의 자녀교육 레시피

아버지 1924년생	어머니 1932년생
전체 순위 86만 1,809(1.82%)	전체 순위 236만 7,358(5.00%)
남자 중 순위 26만 5,568(1.11%)	여자 중 순위 152만 847(6.38%)

　　이태 전 돌아가신 아버지나 미망인이 되신 연로한 어머니는 전체 생존자 중 채 5퍼센트를 넘지 않는다. 특별히 불행한 일을 겪지 않았다면 자식들에 비해 부모님이 차지하는 비율은 당연히 낮을 수밖에 없다. 피라미드형이든 항아리형이든 처음에는 인구 분포도에서 많은 나이층에 속해 있다 서서히 낮은 분포도로 이동해 가는 게 인생이라고 생각하니 갑자기 그 비율이 남의 일 같지 않았다. 또 앞으로 상위 몇 퍼센트가 될 때까지 살게 될까를 생각하니 불현듯 지금까지 살아온 내 삶의 자욱이 눈에 밟히 듯 가까이 다가왔다.

　　십여 년 성사, 그 사이 결혼해 애가 둘씩이나 생기는 인생 최대의 횡재를 하고, 용케도 삶의 언저리에 놓여 있는 빙판 위로 넘어지지 않으면서 잘도 살아왔다. 지난 삶을 돌이켜 봤을 때 무엇보다도 인생에서 가장 소중한 선물인 아이들을 주신 신께 감사드리고 싶다. 태어나서 자식을 보고, 귀염 부리는 것을 지켜보며 하루하루를 살고, 때로는 자식을 무릎에 앉힌 채 살을 비비면서 부모가 된다는 것의 의미를 차츰 알게 되었다. 이런 건 정말이지 놀라운 경험이라는 생각이 든다! 이 때문에 가정에 늘 조잘거리며 울고 웃는 크고 작은 소리가 난다는 것은…….

얼떨결에 낳은 첫애 때는 몰랐던 것을 둘째 애를 낳고서야 비로소 알게 되었다. 내가 점점 어른이 되고 있음을 말이다. 라이선스도 없이 얻은 '어른'이란 타이틀이다. 그러나 때로 애들 앞에 서면, 내가 정작 어른이 되긴 했는지 자문하게 된다. 아이들 앞에서 화를 억제하지 못하고 쏟아 내거나 분에 겨워 감정을 통제하지 못한 날이면, 이유야 어찌되었건 부모 이전에 먼저 어른이 되었는지 반성을 해보게 된다.

나이대별 비율은 그렇다 치고, 부모로서 내가 이룬 어른스러움은 정작 몇 퍼센트에 해당할까? 내가 세운 목표대에 도달해 있는지(물론 목표대에는 턱없이 부족하겠지만) 나의 점유대가 정말 궁금하다. 과연 나는 이 질문에 뚜렷이 이렇다고 자신 있게 말할 수 있을까?

아직 어른이 되지 못한 채 형식적으로 나이라는 숫자만 집어먹은 어른이 우리 집에 버티고 있는 것은 아닌지, 그런 사람이 가장이 되고 이 사회를 떠맡은 책임의 주체로 제 몸에 맞지 않는 옷

을 걸치고 있는 것은 아닌지 스스로 반성케 하는 대목이 바로 이 지점이다. 내가 나 답지 못할 때 부모로서의 자리도 떳떳하지 못하다. 결국 아빠로서 마음과 행실을 바르게 닦아 수양하는 게 관건 아닐까.

항상 마음과 행동을 갈고닦으면서 사는 게 인생이라고 했다. 때로 부모인 나를 바라볼 때면 아이들 앞에서 한없이 작아지는 자신을 발견하곤 한다. 이때처럼 자신이 초라하고 부끄러웠던 적이 또 있던가? 아이는 부모를 믿고 의지한 채 자라지만, 부모에게 아이는 자신을 반추하게 하는 존재이자 부모 됨을 재는 저울이다. 그런 의미에서 아이가 바로 부모를 만들고, 어른을 만드는 것이다. 어쩌면 이것조차 스스로를 위로하려고 하는 말일지도 모르겠다.

아이에게 어떤 부모가 되어야 할까? 어른으로서, 부모로서 무엇이 나의 자리일까? 밥을 먹이고, 옷을 해 입히고, 학교를 보내는 것만이 아닌 아이에게 든든한 그늘이 되어 줄 수 있는 큰 나무로서 부모가 된다는 것은 또 어떤 의미일까? 저녁 무렵 아이의 웃음소리를 들으며 부모는 자신을 되돌아본다. 부모 세대가 내게 보여 준 것 이상을 이룩하고 싶어 하면서.

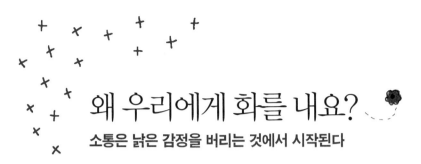

왜 우리에게 화를 내요?
소통은 낡은 감정을 버리는 것에서 시작된다

부모인 내게는 낡은 감정이 다른 어떤 감정보다 우선하며, 지배적이었던 때가 있었다. 이런 낡은 감정은 주로 생활 속에서 나타나며, 여전히 꺼지지 않는 화산처럼 종종 폭발하곤 한다. 한 번은 내가 아이들에게 버럭 화를 냈는데, 큰 아이가 그런 '경우 없는' 내 말을 맞받아치며 이렇게 대꾸했다.

"아빠가 화내는 건 우리가 잘못해서가 아니라, 회사에서 스트레스 받은 일이 있었거나 엄마하고 다퉜기 때문 아니예요?"

딸아이의 말을 듣고 보니 더는 아이에게 거짓말할 수가 없었다. 그냥 편하게 자기 합리화를 해버린다면 나는 결국 가장 가까운 사람에게서 받은 충고를 외면해 버린 셈이 아닌가. 그럼으로써 더 큰 성숙의 기회를 저버리게 된다. 그건 부모로서도 떳떳하지 못한 행동이다. 나는 솔직하게 내 심적 상태를 인정했다. 양쪽 모두가 원인인 듯하다고, 이 점은 인정한다고, 그리고 미안하다고. 아이는 고개를 끄덕였다. 그러더니 나를 위로하기 시작했다.

"아빠 다 잘될 거예요. 아빠 이미 많은 걸 얻으셨잖아요."
"뭘?"
"회사도 남들이 다 아는 회사에 다니시고, 글도 쓰시고, 무엇보다 우리 아빠잖아요."

나는 아이를 덥석 끌어안았다. 그 일에서 나는 많은 것을 배웠다. 종종 부모는 일이 잘 풀리지 않을 때 자기 분노나 좌절감을 아이에게 드러낸다. 극단적인 예지만, 홧김에 일가족이 함께 물속으로 뛰어들었다는 뉴스나 아이에게 독약을 먹인 뒤 자신도 먹고 죽었다는 뉴스가 신문과 방송에 연일 등장한다. 비단 가정뿐만이 아니다. 사회 전반에서 총체적으로 '화(禍)를 관리' 하는 기술이 필요할 정도다.

화를 내는 순간 부모는 자녀를 통제하는 능력을 상실한다.

자녀가 겁을 먹는 것은 행여 불똥이 자신에게 떨어질까봐 잠시 움츠리는 것이지, 부모가 화를 내는 게 진짜로 무서워서가 아니다. 그런 상황에서 부모가 내는 화가 얼마나 설득력을 지니겠는가. 부모가 적절하게 자신의 감정을 절제하지 못한다면, 아이는 결국 자존심과 자부심을 잃게 되고, 부모와 멀어지면서 상황은 더 악화된다. 이때, 아이가 느끼는 실망감을 별일 아닌 것처럼 취급하고, 아이 감정은 중요하지 않다는 식의 태도를 취한다면 결국 아이와는 점점 더 멀어지게 된다.

아이가 심한 실망감이나 부정적 감정을 보일 때는 절대로 즉각 반박하지 말고, 그들의 이야기를 경청하며 감정을 존중해 주어야 한다. 그런 부모의 태도는 아이를 정신적으로 성숙한 인간으로 자라게 한다. 즉, 아이 문제가 아닌 부모 문제가 되게 하라는 말이다. 부모가 계속해서 인성을 쌓아야 하는 이유가 바로 여기에 있다.

비록 치미는 화를 견딜 수 없더라도 야구장이나 축구장에서 응원할 때나 쓰게 고함만은 아껴 두자. 원칙과 규범 아래서 실행하는 따끔한 체벌과 달리 부모가 행하는 절제 없는 폭력은 오히려 아이가 자제력을 배우지 못하게 만들 뿐이다. 그런 아이는 꾸지람에서 교훈이 아니라 두려움을 먼저 익히고, 자라면 남에게 두려움을 주거나 두려움을 받는 상황에 익숙해져 버린다. 아이가

전경일 이민경 부부의 자녀교육 레시피

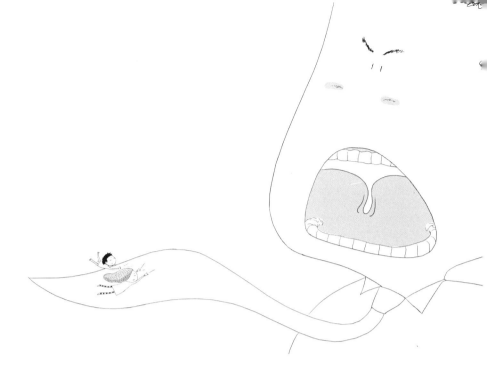

커서 폭력을 행사하는 부모가 되지 않게 하려면 지금 부모가 무엇에 가장 주의를 기울여야 하는지 알 수 있을 것이다. 자신을 통제하지 못해 생기는 감정의 찌꺼기 따위는 과감하게 버리고, 통제할 수 있는 감정 상태를 유지해야 한다.

아이들에게서 미처 배우지 못한 내게 큰 딸아이의 지적은 가장 뼈아픈 교훈으로 남았다. 나는 이 점에서 변명할 여지가 없다. 그저 나를 일깨워 준 큰 딸아이에게 부모로서 고마워할 수밖에……

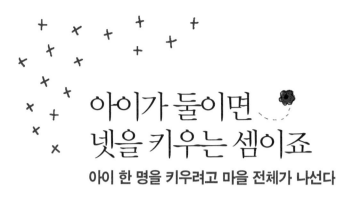

아이가 둘이면 넷을 키우는 셈이죠

아이 한 명을 키우려고 마을 전체가 나선다

아프리카 속담에 이런 말이 있다.

"아이 한 명을 키우려면 마을 전체가 나서야 한다."

아이는 다른 아이와 함께 어울려서 놀고, 배우는 가운데 성장한다는 의미일 것이다. 나는 고된 직장생활과 키우기가 힘들다는 핑계로 큰 아이를 낳고 더는 아이를 낳을 생각이 없었다. 하지만 혼자 자라는 큰 아이를 보면서 이건 아니라는 생각이 머릿속에서 떠나지 않았다. 그리하여 큰 아이와 7살 터울을 두고 둘째 아이를 낳았다. 둘째 아이를 키우면서야 비로소 세상 모든 아이는 저마다 다르다는 걸 알게 되었다. 둘째가 아니었다면 지금도 나는 모든 아이는 다 똑같다고 생각하며 살고 있을 것이다.

7살 터울이라고 하면 다른 사람들은 "둘이 싸움은 안 하겠어요. 워낙 나이 차이가 많이 나니까……"하고 속 모르는 소리를 한다. 천만의 말씀이다. 싸움이 곧잘 된다. 둘째는 막내로서 받는 부모의 사랑을 빽으로 삼아 언니에게 절대 지지 않으려고 한다. 언니 입장에서는 쬐끄만 꼬맹이가 빠득빠득 덤비니 얼마나 기막히겠는가? 물론 여자아이들이고 나이 차이가 많이 나니 육탄전으로 치고받는 싸움은 없지만 나름대로 싸움의 양상이 전혀 한쪽으로 기울지 않고 팽팽하게 전개된다.

이렇게 싸움도 남부럽지 않게 하니 두 아이 다 어릴 때는 "뭐가 아이가 여럿이어야 키우기 쉽다는 거야? 뭐가 여러 애가 함께 클 때 더 아이다워진다는 거야?" 하고 반발감이 들기도 했었다. 아이가 둘이니 이거야 원 1+1이 2가 아니라 3도 되고 4도 되는 부가 효과를 톡톡히 경험하지 않은가. 혼자 말썽부리는 것 따로 하나씩, 둘이 엉켜서 싸우는 것 합해서 3이 되고 4가 되는 것이다. 엄마들과 이야기하다 보면 하나같이 공통된 의견들이다.

"아이를 하나 키울 때와 둘을 키울 때는 엄청 다르다고요. 아이가 둘이면 2배로 힘들겠다 생각할지 모르지만 사실은 4배로힘

들답니다.”

　그런데 이런 싸움은 부모가 있을 때만 주로 일어난다는 것을 아는가? 부모가 집을 비우고 둘만 있을 때는 오히려 나름 둘이 서로 의지하고 챙기게 된다. 둘째가 친구랑 싸웠다거나 선생님한 테 혼났다거나 하는 얘기를 들으면 나보다도 큰 아이가 더 속상 해 하고 마음 아파한다. 나 또한 아이 혼자라면 늦게 퇴근하거나 할 때 불안한 마음이 더 컸겠지만 둘이 있다고 생각하면 안심이 된다.

　아이를 키우는 것은 부모만 열심히 한다고 되는 게 아니다. 여기엔 ‘마을’도 필요하고, 아이 자신도 필요하다. 그중 부모로 서 아이가 자라나는 울타리를 생각해 사회를 말한다면, 한 사회 의 인프라가 전반적으로 아이에게 지대한 영향을 미치고 있다는 것을 알게 된다. 우리 아이를 잘 키우기 위해서라도 사회와 다른 사람에게 관심을 갖고, 배려해야 하지 않을까. 그런 생각을 하며 집에 오다 나도 모르게 아파트 앞에 깨진 유리병을 주워 들었다. 아이들 덕에 내가 부쩍 크기라도 한 건가? 그렇게 생각하자 괜히 쑥스러워 웃음이 나왔다. 집으로 향하는 발걸음이 가벼운 것은 사랑하는 아이들이 엄마인 나를 기다리고 있기 때문이리라.

식탁에 7시 30분까지 앉으면 스티커 하나!

잔소리 하지 않는 부모가 되자

맞벌이부부로 직장생활을 하다 보니 아이들은 엄마아빠와 놀겠다며 늦게까지 자지 않고 기다릴 때가 많았다. 그러다 보니 밤 11시가 훌쩍 넘어서야 잠자리에 들었다. 그것이 다음날 아침 늦잠으로 이어지고, 아침마다 출근준비로 바쁜 시간에 아이들을 여러 번 깨우느라 결국에는 짜증과 잔소리로 이어지게 되었다.

상쾌한 아침을 듣는 쪽이나 말하는 쪽이나 별로 유쾌하지 않은 잔소리로 시작하게 되는 것이다. 우리 집에도 뭔가 변화가 필요하다 싶었다. 잔소리는 이제 효과가 없다는 걸 경험으로 알지 않은가. 게다가 듣기 좋은 꽃노래도 한두 번이지 아무리 좋은 말이라도 여러 번 듣다 보면 결국에는 잔소리가 되는 법이다.

전경일 이민경 부부의 자녀교육 레시피

가정도 조직이다. 회사에서 배운 조직관리와 변화관리를 집에서라고 시행하지 못할 것이 뭐 있겠는가? 가만있자, 변화관리의 핵심이 뭐였더라…… 그래 일단 변화의 과정에 조직원(가족)을 참여시키자. 주말마다 여는 가족회의(우리 집에서는 이걸 '축하축하 파티'라고 한다)에서 이것을 안건으로 꺼냈다. 물론 마음속에 어떻게 해야겠다는 생각은 따로 있었다. 하지만 변화관리의 두 번째 핵심이 무엇인가? 바로 새로운 규칙과 변화를 조직원 스스로 만들게 하라는 것이 아닌가.

조심스럽고 부드럽게 아침에 늦게 일어나면 어떤 문제가 생기는지 얘기한 뒤 아이들의 의견을 물어보았다. 본인들도 말은 안 했지만 엄마아빠가 소리치는 거 듣기 싫고, 지각할까봐 허겁지겁 학교에 가는 것도 싫다고 했다. 자, 이제는 변화가 필요하다는 공감대가 어느 정도 형성되었으니 아이들 스스로 규칙을 정하도록 유도한다. 우리는 일단 첫 번째 목표로 아침에 7시에 일어나서 7시 30분까지는 식탁에 앉기로 정했다. 시간을 좀 더 앞당기고 싶은 욕심이 있었지만 일단은 지키기 쉬운 목표부터 시작하고, 관리방법과 보상을 정하는 순서로 넘어가기로 했다.

결과는 대만족이었다. 둘째는 7시만 되면 벌떡 일어나 식탁에 앉아서 책을 보며 7시 30분이 되기를 기다렸고, 어떨 때는 직접 언니를 깨우기까지 하면서 관리감독을 철저히 했다. 스티커 붙이는 재미가 매우 쏠쏠했던 것이다. 이렇게 눈에 보이는 성과표를 만들자 자기 이름 밑에만 스티커가 안 붙을까봐 일단 눈만 뜨면 식탁 앞에 7시 30분까지는 앉아 있게 된 것이다. 시행한 지 일주일쯤 됐을 때 전원 스티커를 받았다. 물론 위기가 없었던 것은 아니다. 출장을 다녀온 아이들 아빠가 새벽 2시 30분에 들어와 그 다음날 늦잠을 잔 것이다. 당연히 그만 스티커를 못 받았다. 그런데 그날 저녁 퇴근해 보니 아이 아빠 자리에 스티커가 붙어 있는 것이 아닌가? 스티커 옆에는 '출장'이라고 써 있었다. 나

전경일 이민경 부부의 자녀교육 레시피

와 큰 딸이 부당하다고 항의하자 '누구라도 그 시간에 들어오면 아침에 일어나기 힘들다' 고 아이는 스티커 발부 이유를 제시했다. 나름대로 정상참작을 해준 것이다. 또 스티커를 발부하는 것은 회장의 고유권한임을 내세워 강행하는 대범함을 보이기도 했다. '그래 조직도, 시스템도 사실은 피도 눈물도 없이 냉정하게 원칙만 내세우면 돌아가진 않잖아. 인간을 배려하는 변화라, 멋진 걸' 이렇게 흐뭇하게 받아들이기로 했다.

이 제도를 시행한 덕분에 가족 모두 식탁에 앉아 아침식사를 하며 이런저런 얘기도 하고, 웃을 시간적 여유도 갖게 된 것이다. 그동안은 아침마다 늦잠 자는 아이를 깨우면서 스트레스와 잔소리로 살았는데, 요즘은 잔소리가 필요 없어졌다.

직장생활을 병행하다 보면 가정생활에 불리함을 주는 면이 있는 것도 사실이다. 하지만 배워서 남 주겠는가? 조직관리와 변화관리는 아주 어렵거나 직장에서만 필요한 것은 아니다. 이 말 저 말 한없이 이어지는 잔소리보다 이렇게 제도의 개선이 가정 내에서도 필요한 순간이 있다. 어떤가? 회사 일을 요령껏 가정에도 잘 적용하면서 맞벌이도 용케 살아갈 수 있는 것이 아닐까.

두뇌발달에 좋은 손놀이 다섯 가지

손은 제2의 두뇌라고 할 만큼 중요한 신체 부위 중 하나다. 그래서 손을 이용한 놀이는 소근육은 물론 두뇌발달에도 많은 영향을 주는데, 지금부터 손으로 할 수 있는 놀이를 소개하겠다. 다음에 소개한 놀이들은 부모 세대라면 모두 한번쯤은 해본 놀이나 아이 세대는 대체로 잘 모를 것이다.

1 | 손으로 모양과 규칙을 배우는 가위바위보 놀이

예나 지금이나 '놀이' 하면 생각나는 것은 바로 '가위바위보' 다. 가위바위보는 술래를 정하거나 놀이의 순서를 정할 때 주로 사용하는데, 그래서인지 작은 손의 움직임 속에는 기쁨과 슬픔이 공존한다. 술래가 되어 울상을 짓기도 하고, 놀이의 우선권을 얻어 탄성을 지르기도 하기 때문이다.

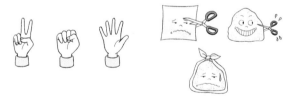

▲ 소근육 발달과 규칙 이해, 흥미를 유도한다.

2 | 아이에게 힘과 속도 조절을 알려 주는 쌀보리 놀이

쌀보리놀이는 두 손을 마주 대어 글러브 모양을 만들면 두 눈과 귀는 모두 손에 집중해야 한다. 아이의 주먹 쥔 손이 언제 쌀을 외치며 재빠르게 들어왔다 나갈지 모르기 때문이다, 쌀! 보리! 쌀! 보리!를 반복적으로 외치면서 손은 아이의 주먹을 잡으려고 노력해야 한다. 아이는 엄마아빠가 주먹을 잡지 못하면 깔깔거리며 즐거워할 것이다.

▲ 순발력과 민첩성을 키워 줄 수 있다.

3 | 함께 잡은 손으로 사랑을 전하는 전기놀이

전기놀이는 실내에서 온 가족이 함께 할 수 있는 놀이다. 먼저, 커다란 이불을 덮고 엄마, 아빠, 자녀가 옹기종기 모여앉아 이불 밑에서 서로의 손을 잡는다. 전기놀이가 시작되면 서로의 눈치를 보며 전기를 보내기 시작하는데, 웃음소리도 들리지 않을 만큼 조용하지만 아이들의 얼굴에는 늘 미소가 가득할 것이다. 전기는 안전하고 신속하게 전달해야 하는 놀이기 때문에 잽싸게 움직여야 한다.

▲ 순발력과 추리력을 키워 준다.

4 | 아이가 새긴 글자를 찾아보자! 글자찾기놀이

글자찾기놀이는 다른 사람이 보지 못하도록 등을 돌리고 앉아서 나뭇가지로 깊숙이 한 자 한 자 글자를 새긴 다음 다시 흙으로 덮어놓는다. 이때, 아이들은 마치 그 글자가 보물이라도 되는 것처럼 소중하게 다룬다. 또 어떤 글자가 숨어 있을지 호기심에 가득 찰

것이다. 천천히 '후～' 하고 불면서 두 손으로 흙을 헤쳐 손가락 끝의 감각으로 깊숙이 새겨 놓은 글자를 찾아보자. 아이에게 즐거운 추억을 새겨 주는 것도 부모가 할 역할이다.

▲ 순발력과 추리력을 키워 준다.

5 | 소근육 발달의 대표적 공기놀이

지금은 문방구에서 공기를 팔지만, 우리 어렸을 적엔 모나지 않고 동글동글한 작은 돌멩이로 공기를 즐겼다. 가만히 앉아서 하는 놀이기 때문에 주로 여자아이가 많이 했으나, 지금은 남자아이도 많이 즐기는 놀이다. 주변에서 잘 골라낸 공기 다섯 알, 유난히 공기를 잘하는 친구들을 떠올리며 우리 아이들과 함께 즐겨 보자.

▲ 공기놀이는 수의 개념과 집중력을 키워 준다.

※ 이 책의 「부모와 아이가 행복해지는 놀이학교」는 '아빠랑 아이랑 친구되는 행복한 놀이'의 도움을 받았습니다.

전경일 이민경 부부의 자녀교육 레시피

2

아이를
이해하는 것이
자녀교육의
시작

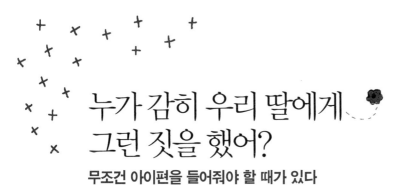

누가 감히 우리 딸에게
그런 짓을 했어?
무조건 아이편을 들어줘야 할 때가 있다

어느 날인가 회사에 있는데 큰 아이에게서 전화가 왔다. 전화 목소리가 심상치 않았다.

"왜 그래? 무슨 일 있니?"
"엄마, 나 따돌림을 당했어요."

울고 있는 듯한 아이 목소리 때문에 일이 손에 잡히지 않았다. 마음이 철렁 내려앉고 손이 떨렸지만 간신히 전화를 끊고 일을 주섬주섬 마무리 한 후 집으로 달려갔다. 아이는 멍한 얼굴로 침대에 누워 있었다. 자초지종을 들어보니 평소에 신경전을 벌이

전경일 이민경 부부의 자녀교육 레시피

던 친구가 다른 친구들을 몇 명 앞세워 화장실로 딸아이를 불러낸 것이다. 그러다 말싸움이 벌어졌다.

말이 싸움이지 여러 친구 앞에서 '집단 따돌림'을 당한 딸아이는 제대로 반격도 못하고 마음에 상처만 입었던 것 같다. 더군다나 친구 중에는 제일 친하다고 생각했던 친구도 끼어 있었다고 한다. 몇 마디 말로 되받아치던 딸은 그 친구의 얼굴을 본 순간 전의를 상실했던 것 같다. 배신감이 너무 커서 다른 아이들이 하는 말은 귀에 들어오지도 않고, 그냥 맥을 놓고 있었단다.

그 상황이 일단락 될 수 있었던 것은 화장실 안에 선생님이 계셨기 때문이었다. 아이들이 한 이야기를 다 들으셨던 것이다. 여기까지 설명하는 딸아이의 얼굴은 하얗게 질려 있었다. 나는 급히 아이의 얼굴을 살피며 위로하기 시작했다.

"엄마도 너만 할 때는 친구들과 많이도 싸웠단다. 그 당시에는 무지 속상하고 힘들었지만, 지나고 보니 아무것도 아니더라. 네가 겪은 일이 지금은 커보이겠지만 지나고 나면 사실은 아무것도 아니야. 그러니 너무 신경쓰지 마렴."

그런데 나의 이런 위로가 오히려 아이에게는 독이 되었다. 내 이야기가 길어질수록 아이의 말수는 줄어들었고, 급기야는 말하기 싫다며 입을 다물었다. 그런 아이 모습을 보면서 나는 순간 당황했다. 아이가 겪은 일을 애써 아무렇지 않게 넘겨보려고 위로했던 말이었는데, 마치 사소한 일로 치부하는 듯한 실수를 저질렀던 것이다. 게다가 아이 말을 들어주기보다는 내가 더 많은 말을 했고, 결국 상처받은 아이에게 충고하는 모양새가 되었다.

지금 딸아이에게 가장 필요한 것은 교훈적 이야기도, 엄마의 어린 시절 경험담도, 사건을 공정하고 객관적으로 분석한 해결방안도 아니었다. 지금은 자신의 감정에 공감하고 함께 아파해 주는 절대적인 자기편이 필요했던 것이다. 내 얘기가 길어질수록 아이는 점점 기가 죽었다. 뭔가 처음부터 다시 시작할 수 있는 계기가 필요했다. 어쩔 수 없이 남편의 힘을 빌리기로 했다. 남편에게 아이 일을 이야기해 주면서 무조건 편 들어주고 '당장 쫓아가서 혼을 내주자' 는 식으로 말하라고 했다.

남편은 약속대로 딸의 이야기를 듣자마자 짐짓 열을 내며 이렇게 말했다.

"아니 누가 감히 우리 딸에게 그런 짓을 했어? 당장 앞장서! 가서 사과를 받아내고 혼을 내주마!"

전경일 이민경 부부의 자녀교육 레시피

남편의 반응에 딸아이는 전적으로 자기편을 만나서 조금씩 얼굴에 생기가 돌았다. 30분 정도 아빠의 지지를 받던 아이는 조금씩 속마음을 털어놓았다.

　"아빠, 저도 사실은 걔들하고 싸우면서 잘못한 것이 없지는 않아요. 하지만 그렇게 패거리로 나 혼자만을 상대로 싸움을 거니 너무 무서웠어요. 게다가 그중 한 명은 가장 친한 친구여서 너무 배신감이 컸어요."

　아이는 말을 잇지 못했다. 아이 아빠가 한번 더 아이편을 들어줬다.

　"네가 뭘 잘못했건 그렇게 패거리로 친구 한 명을 화장실로 불러내서 싸움을 거는 건 비겁해. 당장 그 집으로 가서 그 애 부모에게 직접 사과를 받아야겠다."

그러자 좀 더 자신감을 되찾은 딸이 오히려 아빠를 말렸다.

"아빠, 잠깐만요. 선생님도 처음부터 어떻게 된 건지 잘 아시니 이 일은 잘 처리될 거예요. 저도 평소에 친구들에게 다 잘한 것만은 아니니 제가 잘 정리해 볼께요. 하지만 아빠가 전적으로 내편이 되어 주신 건 너무 고마워요."

아이는 자기편을 만나서 자신감을 회복하고 사태도 조금씩 객관적으로 볼 수 있었던 것이다. 큰 아이는 상처받은 마음을 위로받고, 친구들이 모두 등을 돌린 것 같은 상황에서도 여전히 자기편이 있음을 확인하고 싶었던 것이다. 괜히 위로한답시고 아이에게는 엄청난 사건을 작게 만들려고 하거나 자칫 교훈만 늘어놓다가는 오히려 아이의 상처만 더 키운다는 걸 깨달았다.

아이를 키울 때는 여러 단계의 마음이 필요하다. 물론 나도 당장 달려가 그 아이들을 혼내주고 싶었다. 하지만 그렇게 하는 것만이 옳고 유일한 길은 아니지 않은가. 어떤 순간에도 부모는 아이가 중요하다고 생각하는 깃을 사소하게 여겨 버리는 우를 범하지 말아야 한다. 공감하려는 노력이 무엇보다 선행되어야 한다. 이렇게 해서 나는 또 엄마가 되는 데 필요한 요건을 하나 더 갖추게 된 것 아닐까.

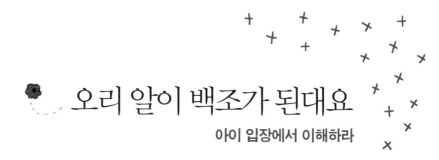

오리 알이 백조가 된대요
아이 입장에서 이해하라

아이들이 어렸을 때 우리는 다른 집에 비해 이사를 자주 했는데, 이사할 때마다 항상 짐을 많이 버려야 했다. 그날도(이때는 둘째 딸아이가 태어나기 전이었다) 이사하면서 아무 생각 없이 큰 딸아이가 가지고 놀던 오리 알 인형을 버렸다. 그런데 이것이 치명적인 내 실수였음을 나중에 깨닫게 되었다.

어느 날인가 아이와 놀아 주면서 오리 알 이야기가 나오는 동화책을 읽어 주었다.

"아가, 이 알은 시간이 지나면 오리가 되는데, 그 오리는 나중에 자라서 멋진 백조가 된단다."

딸아이는 그 말을 잊지 않고 언젠가 그 오리 알 인형이 오리가 되고, 백조가 되기만을 기다리고 있었던 것이다. 그런데 나는 아이에게 들려준 그 동화는 까맣게 잊어버리고, 이젠 아이에게 별 쓸모가 없을 거라는 생각에 오리 알 인형을 아이에게 양해도 받지 않고 덜컥 버린 것이다.

아빠가 들려준 이야기를 기억하며 오리 알이 오리가 되고, 백조가 되기만을 기다리던 딸아이에게 그 오리 알은 단순한 인형이 아니라 친구였다. 순진무구한 아이의 희망이었고, 꿈이었으며, 아빠와 나는 아름다운 추억을 기억하게 해주는 일종의 상징이었던 셈이다. 그런 멋진 인형을 아무런 설명도 없이 버렸으니 아이가 받은 상처가 오죽했을까? 물론 나는 딸아이에게 진심으로 사과를 했고 아이는 그 사과를 받아 주었지만, 그래도 나를 원망하는 딸아이의 마음은 오랫동안 지속되었다.

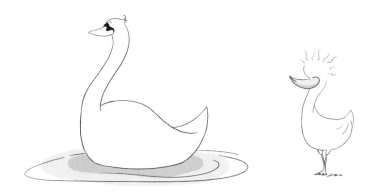

전경일 이민경 부부의 자녀교육 레시피

퓰리처상을 수상한 애니 딜러드가 쓴 「어린 시절」은 작가가 다섯 살 때 집 뒤쪽 골목길에서 막대기로 땅을 파다가 발견한, 1919년에 주조된 10센트짜리 은화와 관련된 이야기다.

은화를 발견한 소녀는 그것을 아빠한테 보여 주는데, 그녀의 아빠는 땅에 버려진 은화가 어떻게 땅속에 묻히게 되었는지를 자상하게 설명해 준다. 그때 일을 계기로 그녀는 일생을 땅속에 묻힌 보물을 찾는 데 바치기로 결심한다. 아마도 내 딸아이의 오리알 인형과 마찬가지로 은화가 그녀에게는 꿈이자 희망이었을 것이다.

부모와 함께하는 삶은 아이에게 많은 의미를 준다. 아이와 다양한 의견을 나누고, 아이가 올바르게 성장하도록 돕는 것은 부모에게는 큰 보람이자 기쁨이 아닐 수 없다. 그래서 부모의 자

질이 중요한 것이다. 부모가 어떻게 하느냐에 따라 커서 아이가 맺게 되는 사회적 관계가 달라진다.

오리 알 사건은 시간이 흘러도 내게는 잊히지 않는 교훈이 되었다. 아이의 꿈은 어른의 꿈과는 확실히 다르다. 아이 입장이 되어 보지 않으면 훌륭한 부모가 될 수 없다. 나를 부모로 키우는 것 중 적어도 8할 정도는 우리 집 아이들일 것이다.

아이가 어렸을 때는 부모와 함께 항해하게 되지만, 자라면 선장이 되어 홀로 항해해야 한다. 아이가 나중에 혼자서도 항해를 무사히 마칠 수 있도록 끊임없이 격려하고 이끌어 주는 것은 부모가 해야 할 일이다. 부모와 자녀 간의 가장 바람직한 관계는 아이 입장에서 생각하는 것에서 시작한다. 쉽지는 않겠지만 부모가 먼저 다가서는 용기를 내 보라. 오리 알이 백조가 되는 꿈을 키워 주려면 말이다.

방가방가?
아이의 언어를 배워라

중견 기업의 중역인 L은 어느 날 집에 일거리를 가져갔다가 급한 이메일을 체크하려고 아이 공부방에 놓인 PC를 켜게 됐다. 그러다 '방가방가' 등 온갖 해괴한 언어로 가득한 PC 자료실을 보고는 기겁을 했다. 도저히 자신의 상식으로는 납득할 수 없는 문화에 어떤 반응을 보여야 할지 난감했기 때문이다.

L은 "애들 세상이 딴 세상이라는 얘기는 들었지만, 이 정도일 줄은 몰랐다."며 나름 아이들과 이야기가 잘 통하는 아빠라고 생각했는데 오늘 보니 전혀 아니었다면서 자기 자신한테 실망감을 감추지 못하는 눈치였다. 아이가 사용하는 언어는 물론, 그들 나름의 문화도 이해하지 못하면서 그들과 소통한다는 건 처음부

터 무리다. 아이에게는 내색하지 않았지만, 그 후로 그는 짬짬이 시간을 내어 아이들 문화를 이해하려고 노력했다.

인터넷에는 그들 나름의 문화가 있고, 소위 커뮤니티라는 공간에서는 시대적 정서나 담론을 생산해 낸다. 특히나 인터넷 사용자(네티즌)들이 만들어 내는 문화는 순식간에 다른 인터넷 사용자에게로 전파된다. 실험 삼아 채팅어 몇 개를 수첩에 적어 암기한 L은 토요일 저녁 아이들과 함께 한 식사자리에서 써 보기로 했다. 암기한 채팅어를 쓸 수 있는 상황이 되도록 대화를 자연스럽게 유도하였다. 때마침 아이가 이번 주에 잘한 일을 자랑삼아 늘어놓자 기회다 싶은 L은 이렇게 말했다.

"역쉬, 우리 아들 훈남이야!"

일순, 식탁에 앉은 모든 사람이 어안이 벙벙한 얼굴을 하더니 애가 갑자기 웃어 젖히며 "아빠도 그런 말 쓸 줄 아세요?" 하고 반문하자 일제히 배꼽을 잡고 웃어 댔다고 한다.

그날의 에피소드는 L이 아이들과 가까워지는 계기가 되었다. L은 아이에게 이런 속어를 사용하는 것은 좋지 않지만, 너희와 어울리려고 노력하는 것이니 이해해 달라고 이야기했다. 그날 식탁 풍경을 그는 이렇게 묘사했다.

전경일 이민경 부부의 자녀교육 레시피

"아이들이야 당연히 놀라죠. 아빠가 뭐 딱딱하지 않고 젊어졌다나. 아마 덜 고지식하게 보였나 봅니다."

아이와 대화가 잘 안 되는 데는 여러 이유가 있지만, 주요 원인은 다른 세대를 인정하고 받아들이는 데 인색하기 때문이다. 아이 세대는 우리가 모르는 사이에 이미 새로운 문화와 방식으로 바뀌어 있다. 이전 세대가 다음 세대를 바꾸려 한다면, 오히려 갈등만 초래할 뿐이다. 어느 시대든지 주도권은 다음 세대로 자연스럽게 넘어갈 수밖에 없고, 그것은 자연의 법칙이다. 그러니 차라리 다음 세대에 너그럽게 양보하고, 오히려 그들 세대에 소속될 수 있도록 노력하는 게 더 좋다.

이전 세대는 그저 아이를 잘 양육하는 것으로 만족을 삼아라. 세대 간의 갈등은 이전 세대의 방식이 아닌 다음 세대의 방식으로 줄이는 것이다. 그들 시대에서 우리는 이방인일 뿐이다. 그걸 모르는 가장은 늘 자녀와 소통하는 데 어려움을 겪게 될 것이다. 물론 잦은 호통소리와 아이가 귀를 막는 살풍경은 늘 있는 일이고 말이다. 부모가 원하는 것이 이런 모습은 아니지 않는가?

노먼 롭센즈는 「화목한 가정을 만드는 10가지 방법」에서 "우리는 가족 개개인이 특별히 싫어하는 것과 좋아하는 것 등은 잘 알고 있지만, 각자의 감정은 별로 아는 바가 없다."고 말했다. 동거자로 같이 살고는 있지만, 정작 서로를 잘 모른다는 말이다. 똑같은 공간에서 살기에 어쩔 수 없이 부대끼면서 자연히 알게 되는 것들과 공동으로 겪는 사소한 경험, 욕구나 요구 외에는 거의 없다. 정서적인 부분까지 깊이 들어가 본 적이 없기 때문이다. 항상 가까이 있으나 타인과 다를 바 없는 관계다. 그러면서 서로에게 왜 나를 이해하지 못하느냐고 불평을 늘어놓기 일쑤다.

아이를 진정으로 사랑한다면, 그들과 함께 서로를 잘 알고 이해할 수 있도록 노력해 보자. 그들의 말이나 행동에서 서로를 이해할 수 있는 단서를 찾을 수 있을 것이다. 서로를 알려는 노력은 대화로 이어지고, 이는 서로의 벽을 허물 수 있는 계기가 된다. 그러다 차츰 더 깊은 속마음까지 자연스럽게 알 수 있게 될 것이다.

늘 옆에 있는 존재가 아니라 특별한 존재임을 아이가 항상 느낄 수 있도록 하자. 사랑을 적극적으로 표현하는 가정은 뭐가 달라도 다르다. 부모가 보이는 이런 관심이 아이에게는 가장 강력한 격려와 후원의 메시지가 되며, 아이가 정신적으로도 부모 가까이 접근할 수 있게 해준다. 부모와 자녀 사이는 매우 가깝지만 실제로는 주위의 친구보다도 서로를 잘 모를 때가 많다. 이거 정말 놀랍지 않은가?

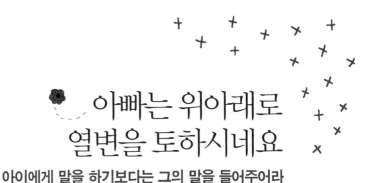

아빠는 위아래로 열변을 토하시네요

아이에게 말을 하기보다는 그의 말을 들어주어라

언젠가 우리 부부는 아이들 가정교육 문제로 진지하게 토론한 적이 있는데, 어느 면에서는 서로 약간씩 견해 차이가 있었다. 세상의 모든 부부가 똑같은 생각을 한다면, 삶이 너무 무미건조하지 않을까? 물론 상호보완적 기능도 많이 떨어질 것이다. 특히나 나처럼 아이들과 대화할 때마다 부족한 부분이 새록새록 늘어나는 부모라면 더 문제다. 여러 면에서 나는 아직 '덜 된 아빠'인 게 분명하다.

대개 부모는 아이와 소통할 때 은연중에 가르치려는 태도를 보이는데, 실제로는 아이가 말할 수 있도록 유도하고 많이 들어주어야 한다. 나는 종종 이 진리를 잊곤 한다. 내 세대에서 가장은 언제 어느 때든 반드시 권위를 보여야 했다. 흔히 우리는 '아버지' 하면 강하고 권위 있는 모습을 보여야 한다고 생각하는데, 그것은 오산이다. 오히려 아버지에게 가장 필요한 건 인간다움이다.

　나는 종종 기존에 가졌던 신념이 한순간에 어이없이 무너질 때가 있다. 다음도 그런 경우다. 어느 날 큰 딸아이에게 '인생에서 승자가 되는 법' 따위의 열변을 토하다 그만 방귀를 뀌고 말았다. 그때 둘째 딸아이가 재치 있게 이렇게 농담을 했다.

전경일 이민경 부부의 자녀교육 레시피

"아빠는 위아래로 열변을 토하시네요!"

순간 너무 창피했던 나는 아무런 말도 하지 못했는데, 다행히 아내가 다음과 같이 재치 있게 받아 주어 상황을 넘길 수 있었다.

"아빠가 너무 열정적으로 얘기하시다 보니 그런 거야. 이건 NG니까 빼주렴."

나는 이쯤에서 열변을 멈춰야 한다는 사실을 깨달았다. 그때의 일로 아버지 됨의 다른 의미를 생각해 보게 된 것이다. 아이에게 얘기할 때는 온몸으로 말한다고 되는 게 아니다. 나직하게 얘기하고, 진심으로 들어주는 것만으로도 백 번 열변을 쏟는 것과 비슷한 효과를 발휘할 수 있다. 물론 생리적 실수를 할 리도 없다.

그동안 내가 아이들을 대한 태도는 '세상에는 너희가 알아야 할 것이 너무 많지만 너희는 아직 모르는 것 투성이니 이 아빠가 가르쳐 줄 수밖에 없다'는 식 아니었을까? 아니면 '너희와 진실한 대화를 나누지 못했던 것은 시간은 너무 없고 가르쳐야 할 것은 너무 많았기 때문이야' 식은 아니었을까? 이런 오만불손한 생각을 갖고 있는데 그것이 태도에 나타나지 않았을 리 없다.

나처럼 지금까지 이렇게 생각했다면, 현재 자녀와 관계가 총체적 냉담 상태에 놓여 있을 것이다. 좋은 대화란 추임새 있는 대화를 말한다. 상대의 의중을 헤아리면서 말하고 듣는 능력은 어려서부터 배워야 한다. 성인이 되어서 배우기란 여간 어렵지 않다. 그것은 인성을 형성하는 하나의 태도다. 성공적으로 대인관계를 맺게 하는 이런 태도는 어렸을 때부터 자연스럽게 생활 속에서 체화되는 것이다.

요즘 아이들의 문제점으로 꼽는 낮은 상상력과 빈약한 문장 구성력, 인문학 배경이 부족해 다양하게 사고를 전개시킬 수 없는 점 등은 학교나 학원에서 열심히 공부하면 얼마든지 채울 수 있다. 그러나 타인의 이야기를 경청하는 태도는 어려서부터 부모의 피나는 노력으로 만들어지는 것이다. 즉, 인내와 끈기 이 두 가지가 전제되어야만 가능한 일이다. 자기 자신과 대화하는 데 익숙지 않은 부모는 아이에게 듣기 공부를 가르칠 때 허점이 드러나기 마련이다.

아이의 말을 경청하면서 대화를 나눔으로써 부모도 자연스럽게 듣는 기술을 터득하게 된다. 인성이 아무리 뛰어난들 남의 이야기를 들을 줄 모른다면 그 뛰어난 인성이 무슨 소용이 있겠는가. 부모의 소소한 일상을 직접 보면서 느끼는 삶만큼 더 큰 가르침은 없다.

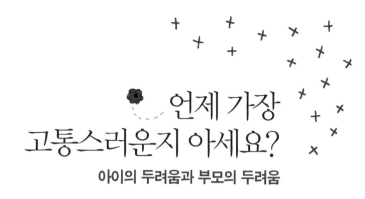

언제 가장
고통스러운지 아세요?
아이의 두려움과 부모의 두려움

　십대인 큰 딸아이가 멋진 숙녀로 자라고 있다는 징후를 곳곳에서 발견하곤 한다. 하루에도 수십 번씩 거울을 보며 머리를 매만지고, 갖가지 표정을 연습하며, 맵시를 돋보이게 하려는 행동은 성장기 아이에겐 그 어떤 일보다도 더 중요하다. 그것은 성장을 한다는 증거이자 사람 속에서 자신을 드러내는 방법을 자연스럽게 터득해 가는 과정이기도 하다. 그런 모습을 볼 때면 '언제 딸아이가 저렇게 컸을까' 하고 속으로 흐뭇한 마음이 들곤 한다.

　큰 딸아이에게 생긴 이런 변화를 나는 최근에야 눈치 챘다. 아이가 왜 앞머리로 이마를 가리고 싶어 하고, 머리카락을 기르고 싶어하며, 반 친구와 다투고 온 날 왜 침대에 누워 번민에 사

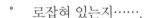

로잡혀 있는지…….

그런 내게 아이는 이렇게 말했다.

"아빠 정말 모르세요. 언제 여자애들이 가장 고통
스러워하는지 말이에요."

"음... 친구하고 싸웠을 때?"

"거봐요? 아빠 전혀 모른다니까요. 여자애들은요, 세
가지 상황을 가장 두려워해요. 첫째는요, 나와 누구도 짝이
되려고 하지 않을 때고요. 둘째는요, 점심을 같이 먹으려고
하는 친구가 없을 때고요. 셋째는요, 집에 돌아오는 길에 같
이 올 애가 없어 혼자 오게 될 때예요. 그것도 모르시면서
아빠가 나를 이해하신다고요?"

나는 그만 말문이 막히지 않을 수 없었다. 속으로는 '그

전경일 이민경 부부의 자녀교육 레시피

까짓 거야 네 또래 때는 다 그래. 얼마든지 있을 수 있는 일。
가지고 뭐 그리 야단이냐고……' 대꾸해 주고 싶었지만, 잠시
곰곰이 생각한 뒤 나는 들려주고 싶은 정답 대신 전혀 다른
질문을 아이에게 던졌다.

"아빠는 언제 가장 두려운지 아니?"

딸아이는 눈을 동그랗게 뜬 채 나를 쳐다보았다.

"아빠가 언제 회사를 그만두어야 할지 모를 때, 너희가
아빠의 바람과는 다르게 행동할 때, 엄마나 너희가 아플
때……."

그건 아빠의 고민이지 내 고민은 아니라는 듯 큰 아이는
그저 나를 쳐다볼 뿐 별다른 반응을 보이지 않았다. 이로써
우리는 서로가 가장 두려워하는 게 무엇인지 알게 되었다. 부

모와 자식 간에는 서로가 무엇을 두려워하는지도 알 필요가 있다. 하지만 내가 지닌 두려움을 딸아이 앞에서 계속 강조하거나 반복하는 것은 그다지 의미가 없다.

그날 밤이었다. 내 책상에 메모지가 한 장 놓여 있었다.

"아빠, 너무 두려워 마세요. 아빠의 두려움이 제 것보다 더 크다고 말씀하지도 마세요. 하지만 모든 게 잘될 거예요. 사랑해요."

메모지에는 하트 모양이 여러 개 그려져 있었다. 사랑의 징표에는 우리가 말한 두려움이 쓰여 있었고, 그것을 극복해야 한다는 메시지도 함께 들어 있었다. 아직은 철없게만 보았던 딸아이에게서 나는 적잖은 충격과 감동을 받았다. 큰 아이의 따뜻한 마음을 읽을 수 있어 더 그랬던 것 같다.

과연 내가 지닌 두려움이 아이가 지닌 두려움보다 더 크다고 말할 수 있을까? 어떤 두려움이든 사랑으로 극복할 수 있다는 딸아이의 생각이 고스란히 묻어나는 편지였다. 아이란 존재는 참으로 대단하다. 아이가 부모를 이끈다는 게 이런 것일까?

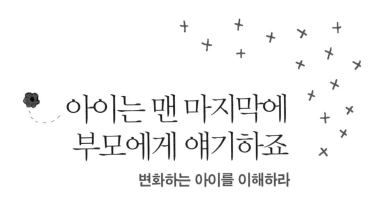

아이는 맨 마지막에
부모에게 얘기하죠
변화하는 아이를 이해하라

"십대 아이는 친구에게 제일 먼저 이야기하고, 다음에는 선생님이나 상담사에게, 그리고 맨 마지막으로 부모에게 얘기하지요. 부모는 뒷전으로 밀려난 듯한 느낌입니다."

십대 자녀를 둔 부모는 종종 이렇게 얘기한다. 11살 이전의 아이에게 가장 중요한 대상은 부모다. 그래서 아이는 항상 자신의 마음속에 있는 것을 부모에게 이야기하려고 한다. 하지만 아이가 십대로 접어들면 이런 상황은 완전히 바뀌어 버린다. 우리 집 아이도 십대가 되면서 부모보다는 부쩍 또래 친구가 모여 있는 커뮤니티에 더 의존하는 듯하고, 그런 것들이 생활 속에서 차지하는 비중도 커졌다.

어른들은 보통 이런 상황에 맞닥뜨리게 되면 아이에게 사춘기가 온 거라고 단순하게 여겨 버리는데, 실은 신체적 성장과 함께 찾아온 정신적 방황을 채워 줄 만한 장치나 관계가 마땅히 없기 때문에 이런 현상이 나타난다는 것을 잘 모른다.

이 무렵의 아이는 세상 밖으로 점점 시야가 뻗어 나가고, 서서히 부모에게서 독립을 준비하는 성숙기로 접어든 것이다. 따라서 이제는 사춘기 이전과는 다른 방식으로 자녀를 관리해야 한다. 특히, 부모는 정서적으로 민감해진 아이와 좀 더 친밀해지려는 노력을 게을리 해서는 안 된다. 아이 또한 그것을 절실히 원하고 있을 것이다.

우리 부모하고는 도대체 대화가 안 된다고 말하는 아이와 터놓고 얘기할 수 있는 가장 좋은 방법은 우선 그들의 이야기를 '들어주는 분위기'를 연출하는 것이다. 어디로 튈지 모르는 럭비공 같은 아이를 붙잡아 두는 데는 적잖은 인내가 필요하다. 십대 아이가 얌전하게 앉아서 부모 이야기를 들을 거라고 생각한다면 그건 오산이다. '들어주는 분위기'에서 스스로 '말하고 싶은 의지'를 갖게 하고, 그러다 자연스럽게 '털어놓고 얘기할 수 있게' 해주는 것이다. 이것이 아이와 대화하는 방법의 핵심이다. 들어주는 건 생각만큼 어렵지 않다.

전경일 이민경 부부의 자녀교육 레시피

'응, 그렇구나', '그래서 기분이 어땠니?', '마음이 상했겠구나?', '네 계획은 뭔데?' 등 간단한 질문으로 그저 공감과 관심을 보여 주면 된다. 질문은 좋은 방식이다. 물론 부모가 상황을 다 아는 것처럼 해법을 내놓을 필요도 없다. 아이도 이미 문제에 어떻게 대응해야 할지 알고 있다.

가족이 정기적으로 함께 대화를 나눌 수 있는 가장 좋은 시간은 저녁식사 시간이다. 적어도 하루 한 번 정도는 온 가족이 모여서 시간을 보낼 수 있는 자리를 마련하라. 저녁식사는 모두가 하루의 일과를 마치고 모이는 자리이므로, 일상에서 가장 중요한 만남의 시간이다.

가족이 함께 모여 저녁식사를 하면서 아이가 하는 이야기에 부모가 관심을 기울인다면, 아이는 자기가 부모한테서 소중한 존재로 대접받고 있다는 느낌을 받게 될 것이다. 아이를 귀하게 키운다는 것은 바로 이런 것이다. 아이가 아무리 반항하고 엇나갈지라도 결국엔 다시 부모에게 되돌아와 위안과 조언을 얻게 된다. 이것은 아이가 어른이 되어 홀로 설 때까지 계속되는데, 이때마다 부모는 아이를 옳은 방향으로 이끌어 줄 수 있어야 한다. 이것이 바로 멘토링이다.

언제 어느 때든지 아이를 도와줄 수 있으려면 아이의 생각과 생활을 부모가 잘 이해하고 있어야 한다. 이때, 아이 곁에서 문제

에 너무 지나치게 간섭해서도, 그렇다고 너무 무심하게 대해서도
안 된다. 아이 스스로 무엇이 문제이고, 어떻게 해결하면 좋을지
알 수 있도록 여건을 마련해 주는 게 중요하다. 스스로 터득하는
인생이 되도록 도와주는 것 말이다.

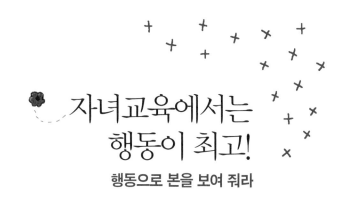

자녀교육에서는 행동이 최고!

행동으로 본을 보여 줘라

아이는 언제나 부모가 가르치는 방식대로만 배운다. 많은 부모는 아이가 잘못을 했을 때 훈계든 잔소리든 간에 말로 표현해야 아이가 잘못을 깨우친다고 생각한다. 그러나 실상은 부모의 말이 아니라 행동에서 배우는 것이다.

우리 집 작은 딸아이는 물을 두려워했다. 그래서 수영장에 가서도 늘 내 품에 찰싹 달라붙어 떨어질 줄 몰랐다. 어느 날 친구 부부와 물가로 놀러 갔는데, 내 친구에게서 수영하는 방법을 배운 딸아이는 그 뒤로 물 공포심을 완전히 떨쳐 버렸다. 아이가 배운 방법은 그리 대단한 것이 아니었다. 그저 친구가 먼저 구명조끼를 입고, 힘을 쭉 뺀 뒤 팔다리를 내저으면 된다는 가장 기본적인 수영방법을 시범으로 보여 줬을 뿐이다. 친구의 시범을 따라한 아이는 수영이 그리 어렵지 않으며, 물을 두려워할 필요가 없음을 스스로 터득했다. 그 후로 딸아이는 물을 자연스럽게 받아들이고, 수영도 즐길 수 있게 됐다.

내가 아버지에게서 배운 것도 모두 그분의 행동에서였다. 건전한 의식을 갖고 사는 것의 가치나 의미조차도 나는 아버지한테서 배웠다. 아버지께서 주신 가장 훌륭한 교훈은 모두 묵묵히 행동으로 보여 주신 것들이다.

아이를 잘 키우겠다는 마음에서 부모는 자기 생각에 가장 중요해 보이는 것들을 가르치려고 한다. 하지만 아이 스스로 터득하지 않는 한 아무리 부모가 가르쳐 봤자 큰 효과를 기대하긴 어렵다.

얼마 전, 텔레비전에서 어미 오리가 새끼들에게 물에서 먹잇감을 찾고, 나는 방법을 알려 주는 자연 다큐멘터리를 본 적이 있다. 어미가 한 행동은 그저 먼저 높은 나무 둥지에서 뛰어내리고, 빠른 걸음으로 물가로 달려가 코를 물속에 박고 먹잇감을 찾는 방법을 보여 준 것뿐이었다. 그것만으로도 이미 새끼들에겐 충분한 교육이 된 셈이다. 어미에게 전수받은 기술을 활용해 새끼들은 앞으로 혼자서도 충분히 살아갈 수 있을 것이다.

부모의 행동이 바르다면, 구태여 말로 아이를 가르칠 필요가

전경일 이민경 부부의 자녀교육 레시피

없다. 행동이 모순 투성이인 부모가 하는 말은 아이에겐 그저 잔소리일 뿐이다. 자녀교육에 꽤나 관심이 있고, 나름 공정하게 행동한다고 생각하던 나에게 아내와 아이들이 되돌려 준 경고는 '1절만!'이었다. 똑같은 잔소리를 한 번 이상 늘어놓지 말라는 것이다.

　　교훈을 주는 가장 효과적인 방법은 조용히 행동하는 것이다. 아이는 그런 큰 울림을 반드시 기억하게 되어 있다. 충고하는 말보다는 부모가 하는 행동에서 아이는 훨씬 더 많은 것을 배우게 된다. 이런 면에서 아이들은 어떤 식으로든 부모를 가르치고 있는 셈이다. 가르치는 입장에 있는 부모가 그걸 모른다면 좀 이상한 일 아닌가.

건강한 우리 아이를 위한
몸놀이 다섯 가지

몸을 이용한 놀이는 아이의 건강에 많은 도움을 준다. 요즘처럼 컴퓨터 앞에 앉아 있는 시간이 많은 우리 아이에게 필요한 요소가 듬뿍 들어 있는 것이 다음 놀이의 가장 큰 장점이다. 가족의 건강한 몸만 있으면 즐길 수 있는 놀이다.

1 | 민첩한 몸놀림이 필요한 '무궁화꽃이 피었습니다'

"무궁화꽃이 피었습니다!"
"무궁화꽃이 피었습니다!"
"무궁화꽃이 피었습니다!"

이 놀이는 공원이나 야외에서 하는 것이 좋지만 상황이 여의치 않으면 거실이나 넓은 방에서 해도 괜찮다. 처음에는 한 걸음씩 조심스럽게 움직이다가 점점 술래가 외치는 동안 빨리 움직여야 한다. 술래가 돌아보았을 때는 절대로 움직이면 안 된다. 움직이는 것을 들켜 술래에게 잡혀 있는 아이는 다른 아이가 와서 구해 주기만을 기다리고 있으므로 신중하고 민첩하게 움직인다.

▲ 민첩성과 사회성, 규칙을 이해할 수 있다.

전경일 이민경 부부의 자녀교육 레시피

2 | 외발로 서서 온몸으로 힘을 겨루는 닭싸움

한 발을 들어올리고 두 손으로 발을 잡은 다음 한 발로 콩, 콩, 콩 뛰어다니며 아이를 살핀다. 무릎으로 힘껏 부딪혀도 보고, 살짝 피하기도 하면서 아이와 하나가 되어 보자.

▲ 지구력과 몸의 균형, 평형감각을 키울 수 있다.

3 | 내 다리 위에서 멈췄으면! 다리셈놀이

다리셈놀이는 실내에서 할 수 있기 때문에 장소의 구애를 받지 않는다. 찬바람이 쌩쌩 부는 겨울날 따뜻한 방 안에 옹기종기 모여 앉아 다리셈놀이를 하다 보면 시간 가는 줄 몰랐던 추억 하나쯤은 누구나 갖고 있을 것이다. 아이들과 모여 앉아 두 다리를 뻗어 엇갈리게 끼우면 놀이가 시작된다. 노래의 끝이 나였으면 하는 마음으로 모두의 눈은 무릎 위를 오고 가는 손에 집중된다.

▲ 수의 개념과 사회성 발달, 음악적 리듬감을 키울 수 있다.

4 | 움직이는 가운데 협동심을 기르는 얼음땡놀이

'얼음!' 벌써 부모님 얼굴에는 빙그레 웃음이 퍼진다. 어렸을 적 '얼음!' 이라고 외치는 순간, 진짜 내 몸이 굳어 버려서 움직일 수 없던 기억이 비단 내게만 있는 것은 아니다. 술래를 피해 열심히 뛰어다니는 아이, 이미 '얼음' 이 된 아이는 눈으로 열심히 신호를 보낸다. '나 좀 살려줘~!' 하는 눈빛으로. 그래서 얼음땡놀이는 항상 스릴이 넘치고 즐겁다.

▲ 신체 조절 능력과 순발력, 규칙을 이해할 수 있다.

5 | 색 인지를 도와주는 색깔찾기놀이

색깔찾기놀이는 여러 가지 색깔의 물건이 있는 곳에서 하는 놀이다. 넓은 거실이나 운동장, 놀이터, 공원에서 술래인 아빠가 한 가지 색깔을 크게 외치고 열을 센다. 열을 센 다음 아빠는 아이들을 잡으러 가는데 실내에서는 좁기 때문에 한 발로만 뛰는 것이 좋다. 이때 아이들은 재빨리 술래인 아빠가 외친 색깔을 가진 물건을 찾아 손으로 잡아야 한다. 아이가 색깔을 찾아내지 못하고 아빠에게 잡히면 바로 술래가 된다.

▲ 색을 인지시켜 주는 효과와 흥미를 유발할 수 있다.

전경일 이민경 부부의 자녀교육 레시피

3

아이가 크기 전 반드시 해야 할 부모 노릇

친환경 아이밥 부모의 지혜로운 레시피

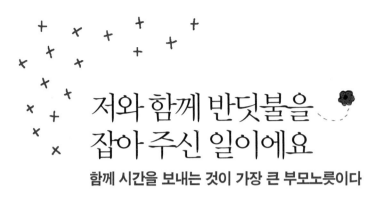

저와 함께 반딧불을 잡아 주신 일이에요

함께 시간을 보내는 것이 가장 큰 부모노릇이다

노먼은 「화목한 가정을 만드는 열 가지 방법」에서 자신이 직접 겪은 가슴 뭉클한 일화를 들려준다.

언젠가 아들에게 가정에서 있었던 일 중 가장 즐겨 회상하는 것이 무엇인지 물어보았다. 그 애는 서슴없이 이렇게 대답했다.

"제가 보이스카우트 모임을 마치고 집으로 돌아오던 날 밤, 도중에 차를 세우신 아빠가 저와 함께 반딧불을 잡아 주신 일이에요."

나는 그 일을 까맣게 잊어버렸지만 아이한테는 아주 즐거운 추억으로 남아 있었던 것이다. 그 애는 내가 몹시 바쁜 것을 알고

전경일 이민경 부부의 자녀교육 레시피

있었으므로 도중에 차를 세울 거라곤 생각지 못했던 것이다. 그런 내가 도중에 차를 세웠으니 그 애한테는 마치 '아빠는 너를 사랑한다'는 말로 들렸던 셈이다.

이 글을 읽으며 나는 과연 아이들에게 많은 관심과 시간을 쏟아 부었던가 하고 자문해 보았다. 내가 보인 관심은 아이들이 원하는 방식대로 표현된 것이었을까? 아니면 나의 자의식에 따라 행한 주관적 관심사였을까? 고백하건대, 나는 이 질문에 그다지 마음이 편하지 못하다. 중년을 바라보는 나이에 내가 이뤄야 할 게 있다면 부모다운 성숙일 텐데, 여러모로 '성숙됨'과는 거리가 있다. 하물며 '성숙된 어른'이야 말해 무엇 하랴. 나는 이 점을 인정하지 않을 수 없다. 아이들이 마치 나의 일부인 양 내 일정과 사고, 바람의 범주 내에 두려 했다는 것을 최근에야 깨달았다.

랠프 키니 베닛은 아이가 아빠에게 무엇을 가장 바라는지 조사한 적이 있는데, 흥미롭게도 아이가 가장 원하는 것은 사랑과 시간이었다. 빙고! 이게 바로 정답이다. 나를 비롯해 많은 아빠가 이 두 가지에 가장 서투르고 인색하다. 바쁘다는 핑계로, 당장 처리해야 할 일이 많다는 이유로, 밀려드는 회사 일 때문에 등 온갖 이유로 아이와 함께 하는 시간을 계속 미룬다. 나도 랠프가 하는 말을 진심으로 알아듣게 될 때까지 꽤나 오랜 시간이 걸렸다.

자녀에겐 아빠가 함께 있어 주기를 바라는 순간이 있다. 그 순간에는 아무도 아빠를 대신할 수 없다. 자녀 인생에서 가장 잊을 수 없는 추억은 아빠와 함께 나누었던 시간이다.

오래 전, 내가 실직했을 때였다. 나는 정서적으로 피폐해졌고, 불안한 미래와 밀려드는 청구서 때문에 짜증이 났다. 비록 내가 아이들에게 화를 내지는 않았다고 하지만, 무뚝뚝하고 거친 말에서 그것은 충분히 드러났다. 이러면 안 되는데 생각하면서도

전경일 이민경 부부의 자녀교육 레시피

금세 불안감에서 나온 울컥증이 나를 짓눌렀다.

　한참 뒤에 생활이 안정되면서 나는 그때의 내 모습을 되돌아보았다. 어찌나 내 자신이 부끄럽던지……. 그땐 그럴 수밖에 없었다고 내 자신을 위로하고 싶은 마음이 굴뚝 같았다. 여전히 나는 별반 달라진 것도 없이 그 언저리에 나를 내려놓은 채 살고 있다. 지금도 나는 줄곧 핑계거리를 찾는다. 그래서 나와 비슷한 모습인 대부분의 가장이 겪는 고통을 잘 안다.

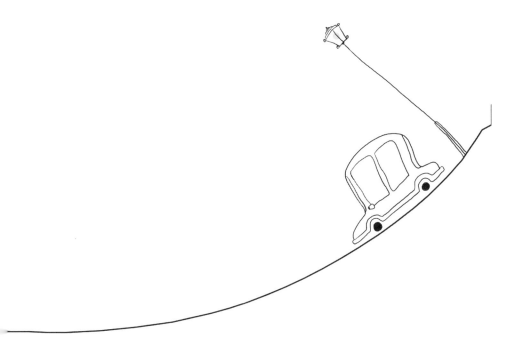

하지만 이제는 달리 생각해 보자. 어차피 불운한 시기는 보내고 나면 그뿐이다. 역경의 시기에는 시간이 많이 남는다. 인생에서 이처럼 한꺼번에 많은 시간을 갖기란 쉽지 않다. 이런 귀중한 시간에 정신적 수렁을 벗어나지 못한 채, 혼자만의 불만으로 아이와 함께 보내지 못하는 건 바보나 하는 짓이다. 나는 그때가 지금도 후회스럽기만 하다.

조금은 깨달은 바가 있는데도 여전히 회사 일 때문에 아이들과 함께 많은 시간을 보내지 못한다. 바쁜 일상은 아이들과 대화하는 시간을 막고, 그동안 아이들과 힘겹게 쌓아 놓은 공감대를 사라지게 만든다. 아이들과 함께 있어도 별로 할 이야기가 없다면 쫓기듯 살고 있기 때문일 것이다.

많은 아빠가 직장에서는 꽤나 똑똑해 보이나, 가정에서는 실상 너무나도 어처구니없는 멍청한 짓을 한다. 자투리 시간이 조금이라도 있을 때 아이와 공감의 밑천을 쌓아 두자. 지금 침대에서 뒹굴며 노는 아이와 진지하게 인생 얘기를 해야 할 때가 조만간 찾아올 것이다. 그때 서로 할 이야기가 별로 없다면 너무나 어색하지 않겠는가? 나는 왜 그걸 지금에서야 깨달았을까. 아직은 늦지 않았다고 믿고 싶다. 만회할 시간이 남아 있어서 정말이지 다행이다.

전경일 이민경 부부의 자녀교육 레시피

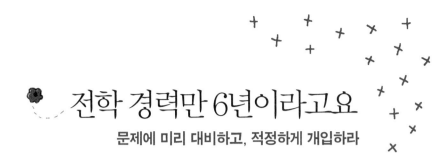

전학 경력만 6년이라고요
문제에 미리 대비하고, 적정하게 개입하라

"얘야, 네가 잘 적응하는 걸 보니 안심이 된다."

"제가 앤 줄 아세요? 이래봬도 전학 경력만 6년이라고요."

이사를 여러 번 하면서 새로운 학교로 전학갈 때마다 딸아이가 적응을 못해 힘들어 하는 것을 보면서 부모로서 매번 미안함을 느꼈다. 우리 집은 큰 딸아이가 초등학교를 마칠 때까지 이사를 다섯 번이나 갔고, 그때마다 매번 전학을 했다. 나중에 들은 아이의 고백에 따르면, 하도 전학을 많이 다녀서 나중엔 자기소개를 하는 데 이력이 났다고 한다. 그런 얘기를 들을 때마다 우리 부부는 부모로서 좀 더 안정된 여건을 제공하지 못한 것에 늘 미안한 마음이 앞선다.

이사와 전학을 동시에 경험한 아이를 보면서 내가 알게 된 것은 아이에게는 반 친구들이 가장 중요하다는 것이다. 아이는 동네나 학교, 선생님보다는 옆에 앉는 친구에게서 자신을 확인한다. 그래서 친구 커뮤니티가 또래 아이의 의식을 지배하는 것이다.

이때 겪은 경험으로 나는 딸아이에게 친구들이 어떤 의미인지, 딸아이가 안정을 찾는데 얼마큼 중요한 요소인지를 알게 되었다. 어떤 친구들은 고의적으로 아이를 따돌린다. 또 어떤 친구들은 아이가 환경에 잘 적응할 수 있도록 도와준다. 아이가 혼자 따돌림을 받는다면, 아이는 학교 안보다는 학교 밖에서 떠돌 가능성이 더 높다. 더구나 그 또래 집단에서 배척을 당한다면 앞으로의 인간관계에서 긍정적 요소보다는 부정적 요소를 먼저 떠올리게 될 것이다. 즉, 앞으로 아이가 맺게 될 인간관계에 큰 영향을 미친다는 얘기다.

이때, 부모가 해야 할 일은 언제든지 이런 상황이 발생할 수 있음을 대비하고, 문제가 생겼을 때는 제때에, 일찌감치 아이의 학교생활이나 교우관계에 개입하는 것이다. 적극적 개입이란 학교에 찾아가는 것만이 아니라 낯선 환경이 아이에게 미치는 두려움이나 근심, 걱정을 덜어 주고 안심할 수 있게 해주는 것을 뜻한다. 가벼운 포옹이나 격려의 대화는 가장 적절한 위안이 될 것이다.

시간이 지나면서 아이가 학교에 잘 적응하게 된다면, 이것처럼 다행한 일도 없다. 식탁에서 하는 크고 작은 학교생활 이야기나 반 친구 이야기는 그만큼 아이가 잘 적응하고 있다는 증거로 볼 수 있다. 게다가 친구들이 집에 놀러오기라도 한다면, 이제는 정말이지 걱정거리가 별로 없다.

심각한 상황에서는 체벌도 필요하다

'벌' 보다는 진심으로 꾸짖어라

아동교육전문가인 제임스 도브슨은 자녀를 꾸짖지 못하는 부모는 결국 자녀에게 벌을 주는 것이라고 말한다. 벌은 일회성으로 끝나지만 꾸지람은 두고두고 자녀를 옳은 길로 이끈다. 이 둘의 차이점을 알고 행동한다면 부모로서 분명히 일정한 경지에 오르게 될 것이다.

아이에게 가하는 부모의 체벌과 관련하여 직장 동료와 대화를 나눈 적이 있다. 그와 내가 일치를 본 견해는 '매우 심각한 상황에 한해 체벌은 필요하다'는 것이었다. 예를 들어, 과도한 일탈 행위를 보이거나 자기 일에 무책임할 때 등 말이다. 그러나 도브슨의 얘기를 듣고 나는 아이에게 벌 이전에 먼저 충분한 꾸지람

전경일 이민경 부부의 자녀교육 레시피

을 주었는지 생각해 보았다. 다시 말해, 먼저 아이가 납득하도록 옐로카드를 준 뒤 다음 단계로 넘어갔는지 말이다.

겉으로는 참을 만치 참았다, 충분히 경고했다고 자기 변호를 해보지만 그건 궁색한 변명일 뿐이다. 아이 스스로 무엇을 잘못했는지 수긍하지 못했다면, 그건 벌을 내리기 전에 충분히 사전조치를 취하지 않았음을 뜻한다. 나는 그 점에서 그리 당당하지 못하다. 내가 스스로 설정한 자제력의 경계선을 내 편한 대로 넘나들었음을 잘 알기 때문이다. 이것은 부모로서 성숙하지 못한 면을 드러낸 것이다. 아이와 비슷한 수준의 자기 통제력을 지녔다면, 어떤 부모도 정신적 면에서 아이 앞에 당당하지 못할 것이다.

부모는 자기 자신을 정신적으로 단련시키는 것과 마찬가지로 아이도 정신적으로 어느 정도 단련시켜 주어야 한다. 잘못을 해도 그냥 내버려 두는 부모를 아이는 오히려 존경하지 않는다. 부모를 얕보고 무시하게 되는 것은 남루한 옷이나 낮은 생활수준 때문이 아니다. 그것은 어른이 어른답게 행동하지 않을 때 얻게 되는 불명예다.

우리 부모님 세대는 한국동란 중에 미군 쓰레기장에서 나온 '꿀꿀이 죽'으로 연명을 해야 했지만, 자녀에게는 항상 엄격함을 보였고, 존경도 받았다. 그것은 그분들이 어른으로서 보여야 할 위엄을 잃지 않고 삶의 모범을 보였기 때문이다.

의외로 아이는 눈치가 빠르다. 그래서 부모의 언행 하나만 보고도 바로 부모가 어떤 사람인지 평가한다. 사랑이 밑바탕된 정당한 꾸지람은 아이에게는 오히려 득이 된다. 아이 또한 그 점을 잘 안다.

부모는 자신이 지켜야 할 선을 잘 지킬 때 아이를 올바르게 키울 수 있다. 그 선을 자기 편한 대로 넘나드는 부모는 결코 아이에게 부모다운 위엄을 보여 줄 수 없다. 다시 말하지만 부모를 성장시키는 건 오히려 아이다. 아이 앞에 떳떳할 수 있는 부모야말로 진정으로 존경받을 수 있는 부모 아닐까. 나는 가까스로 어느 선까지 지키고 있는 것인지 문득 궁금하다.

전경일 이민경 부부의 자녀교육 레시피

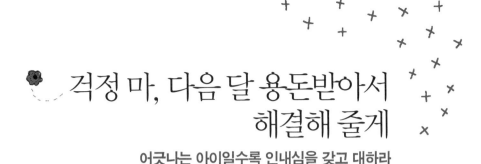

걱정 마, 다음 달 용돈받아서 해결해 줄게

어긋나는 아이일수록 인내심을 갖고 대하라

"네가 11시까지 집에 오지 않으면 엄마가 아빠에게 쫓겨나!"

얼마 전, 불량소년들과 어울리는 아들과 엄마가 나누는 대화를 우리 부부는 우연히 엿들었다. 학원도 가지 않고 불량한 십대들과 노는 아들에게 보내는 엄마의 경고였지만, 아이는 눈썹하나 꿈쩍하지 않은 채 건성으로 듣고 있었다. 그리고 엄마가 자리를 뜨자마자 이내 친구의 어깨에 팔을 올리며 이렇게 말했다.

"걱정 마, 내가 다음 달 용돈받아서 해결해 줄게."

아이의 엄마는 진짜로 그날 밤 집에서 쫓겨났을까? 그리고 아이는 다음 달 용돈을 받아서 친구의 문제를 해결해 주었을까? 한참 방황하는 시기의 아이에게 대응하는 방법치고는 너무 약하다 싶었다. 아이는 엄마에게 재수 없이 걸려서 잔소리를 듣게 됐다는 식의 반응이었기 때문이다. 친구들과 빨리 놀려면 엄마가 잔소리를 끝낼 때까지 아무런 대꾸도 하지 않는 것이 상책이라는 표정이었다. 귀만 닫으면 빨리 끝날 것을 괜히 입을 열었다 잔소리만 듣게 되었다는 표정이 역력했다.

선진국을 자처하는 나라에 사는 아이 중 5~10퍼센트가 학교 가기를 싫어한다는 보도를 접한 적이 있다. 이런 일이 어디 외국에만 있을까. 정도의 차이는 있겠지만 어느 나라나 대체로 비슷할 것이다. 어떤 아이는 학교에 잘 적응하지 못해 등교를 거부하거나 다른 데 정신이 팔려 엉뚱한 곳에서 시간을 보내기도 한다. 그런 아이에게 부모의 꾸중은 잔소리로만 들릴 뿐이다.

아이를 키울 때 가장 필요한 덕목은 인내심이다. 부모라면 누구나 이것에 동의할 것이다. 믿고 지지해 주며 기다리는 것, 그것이 있어야 평생 자식농사를 지을 수 있다.

나는 아이에 관한 불변의 진리를 하나 알고 있다. 그것은 어떤 말썽쟁이도 언젠가는 스스로 깨닫게 될 거라는 점이다. 물론 부모도 과거 어느 시점에서 한번쯤은 그들 부모를 굉장히 속상하

전경일 이민경 부부의 자녀교육 레시피

게 한 일이 있을 것이다. 누구나 성장기 때는 똑같이 반항의 시기를 한번쯤은 겪는다. 이렇게 생각하면 오히려 지금 아이의 행동에 관대함까지 갖게 된다.

아이 문제는 의외로 아주 쉽게 해결할 수 있다. 크고 작은 말썽을 자꾸 일으키는 아이는 가까운 사람들과 떨어져 있는 데서 오는 불안감이나 관심사가 다른 데로 향하고 있어서다. 또는 학교에 흥미를 붙이지 못했거나 다른 친구들한테 왕따를 당해서 그럴 수도 있다. 잔뜩 주눅이 들어 있고 비뚤어진 아이에게 자신감을 심어 주거나 좀 더 나은 방향으로 경험을 쌓게 한다면 그 아이는 얼마든지 바로잡을 수 있다. 아직 어린 나이에는 해결하지 못할 문제란 없다.

오래 전 나의 은사는 가장 문제가 많은 아이에게 반장을 맡기며, 그 애가 바르게 성장할 수 있도록 이끌어 주셨다. 아이는 우쭐대면서 솔선수범을 해야 하는 자신의 역할을 충실히 받아들였다. 그것은 그 아이를 끝까지 포기하지 않으려는 선생님의 배려였던 셈이다.

아이 하나를 훌륭하게 키우려면 온 동네 사람이 합심해야 한다. 시골에서는 가능할 법도 한 일이지만, 도시에서는 불가능한 일이다. 그렇다고 포기할 수도 없다. 일단은 부모로서 아이 앞에서 당당하게 행동하는 태도가 중요하다. 아이에게 질질 끌려 다

전경일 이민경 부부의 자녀교육 레시피

니며 '쫓겨나는 엄마의 처지'를 하소연 해봐야 아이는 신경 쓰지 않는다. 단호함을 보이는 부모가 아이를 바르게 키워 내는 것이다. 엄격하고 사리가 분명한 부모는 아이도 그렇게 키운다. 늘 부모가 문제다.

인격도야

집은 아이의 인격을 키우는 곳

    요즘에는 초등학교라고 하지만 내가 다니던 시절에는 국민학교였던 곳에는 교실마다 급훈이 하나씩 걸려 있었다. 우리 교실에도 '인격도야' 라는 급훈이 큼지막하게 걸려 있었다. '인격'과 '도야' 라는 두 단어의 의미도 생경했고, 그 추상성에 감히 근접하기도 어려워 급훈은 일종의 장식처럼 일년 내내 그 장소에 걸려 있었다. 인격이 어떤 의미인지, 인격을 형성해 나가려면 어떻게 나를 갈고 닦아야 하는지 학교에서는 구체적으로 가르쳐 주지 않았다. 다만, 시간이 한참 지난 뒤 내 머릿속에 있는 어떤 기억을 떠올려 보면 '아, 그것이 인격을 도야하는 교육이었구나' 하고 추측할 수 있을 뿐이다.

"다른 친구들이 네게 해주길 바라는 것이 있다면 너도 똑같이 그것을 다른 친구들에게 해주어라."

선생님은 내게 성인들의 말씀에나 나올 법한 이런 뜻모를 얘기를 해주셨다. 그분은 교실 바닥에 침을 탁탁 뱉으며 '노는 아이'로 불리던 녀석과 내가 코피를 터트리며 싸웠을 때 둘을 불러놓고 이렇게 말씀하셨다. 나는 억울하고, 선생님의 균형 잃은 형평성에 분통이 일었지만 그 자리에서는 참을 수밖에 없었다. 나는 지금도 그때 느꼈던 억울함을 생생하게 기억한다. 그 무렵엔 선생님이 어떻게 내게 이럴 수 있냐며 불만을 터트렸고, 그 마음 그대로 초등학교 마지막 해를 보냈던 기억이 난다.

그 일은 금세 잊었지만 아이가 학교에서 친구와 다투고 와서 하소연 할 때마다 선생님이 하신 말씀과 그때의 상황은 조용히 내 머릿속에서 되풀이되고 있다. 딸아이는 아빠의 두둔으로 억울함을 달래고 싶었을 테지만, 선생님과 마찬가지로 나도 매번 아이에게 똑같은 말을 들려준다.

"아빠는 몰라요!" 하며 아이는 내 말이 끝나기 무섭게 제 방으로 뛰쳐 들어가 문을 걸어 잠궜다. 그러나 나는 닫힌 문의 원인이 어디에 있는지 명확하게 알고 있다. 때로는 그냥 적당히 아이의 기분에 맞춰 주는 편이 나았을 거라는 생각도 들지만, 길게 봤을 때 그것이 딸아이에게 하나의 믿음으로 자리 잡을 걸 알기에 쉽게 물러설 수 없다. 내가 그랬듯, 아이도 언젠가는 그 말이 지닌 진정한 의미를 알게 될 것임을 믿기 때문이다.

온갖 세파에 시달린 뒤라야 온전하게 제 모양을 갖추게 되는 바위처럼 아이도 많은 일을 겪고 이겨낸 뒤라야 비로소 자신의 인격을 형성하게 된다. 나는 딸아이에게 이 말을 해줌으로써 요즘 시대에는 오히려 미련한 덕목으로 취급받는, 묵묵히 참고 견디며 사는 방법을 가르쳐 주려 했던 것 아닐까. 딸아이도 언젠가는 인내야말로 자신의 인격을 성장시키는 가장 큰 밑거름임을 알게 될 것이다.

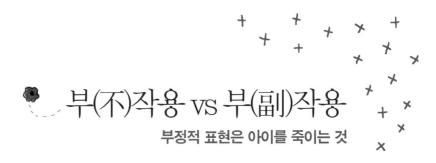

부(不)작용 vs 부(副)작용
부정적 표현은 아이를 죽이는 것

　어렸을 때부터 끊임없이 욕설과 비난만 듣고 자란 아이는 어른이 되면 똑같이 자신의 아이에게 부정적인 말을 한다. 세 살 버릇이 여든까지 간다고 하던가? 이 격언은 결코 빗나가지 않는다.

　부모와 자녀 간에 오가는 말은 말 이상의 의미가 있다. 좋고 싫음, 나아감과 물러남, 옳고 그름의 감정, 판단, 선입견이 끼어들며 나름의 시각을 형성한다. 말이 말 이상의 영향력을 행사하며, 자칫하다간 말이 사람을 잡아먹는 꼴이다.

　아이는 부모가 하는 말에서 자신이 어떤 존재인지 알아내려고 한다. 존중받는 아이인지, 그렇지 않은지 직감적으로 아는 것이다. 부모에게 버림받았다고 느끼는 아이는 자꾸만 부정적인 생

전경일 이민경 부부의 자녀교육 레시피

각 속으로 빠져 든다. 또 부모 자식 간 대화도 단절된다. 아이가 표시하는 감정을 부모가 계속 부정적으로만 대하면 결국 아이는 자신의 감정을 드러내지 않고 감추는 데 익숙해진다. 그러다 모든 분노나 나쁜 감정 등을 혼자서 처리할 수밖에 없다고 느낀다. 점점 자신의 내부로만 들어가며, 어두운 그늘이 리트머스 시험지처럼 빠르게 번져 나간다.

한동안 우리 부부는 내 말투와 관련하여 심각하게 대화를 나눈 적이 있다. 내가 둘째 아이를 편애한 나머지 큰 아이에게 상대적으로 부정적인 말을 많이 하는 게 문제였다. 가령, 큰 아이에게는 '그렇게 밥을 먹지 않으니 안 크지', '그렇게 공부 안 하면 반에서 뒤처진다' 식으로 말을 한다는 것이었다. 이 외에도 아내는 셀 수 없이 많은 예를 들었는데, 내가 듣기에는 온통 부정적인 말뿐이었다. 그런 내게 아내는 이렇게 말을 바꾸라고 요구했다. '밥을 잘 먹어야 늘씬하게 자라지', '좀 더 열심히 공부하면 상위권에 들 수 있어'

부정적 표현이 지닌 힘은 대단하다. 예를 들어, 누구나 비슷한 반응을 보일 것 같은 단어인 '부작용'을 한번 생각해 보자. 대부분은 대뜸 '부(不)작용'을 떠올릴 것이다. 그러나 '부(副)작용(Side Effect)'도 있다. 그런데도 우리는 늘 부(不)를 먼저 떠올린다. 부정이 지닌 힘은 이렇게나 강하다.

부모의 말 한마디로 아이의 미래를 살리기도 하고 죽이기도 한다. 비난과 비판은 그것이 원래 의도한 목적이 아니더라도 그 자체에 빠져 들게 만든다. 늘 부모인 내 감정이 문제인 것이다. 아이의 장래를 온갖 부정적인 말로 도배하는 것은 아이가 훌륭하게 자랄 수 있는 가능성마저 없애 버리는 셈이다. '······해서는 안 돼', '네깟 게!', '소용없어!' 따위의 말들은 부모가 아이를 절망스러운 미래라는 이름의 인두로 지지는 일이다. 독선, 힐난, 조롱 등도 여기에 속한다.

아이에게 말을 할 때는 혹시 지금 하는 말이 아이의 미래에 부정적인 영향을 미치진 않는지 먼저 점검한 뒤 말해야 한다. 우리가 상대하는 대상은 하나의 인격체다. 생각 없이 내뱉은 말이 아이에게는 평생 지울 수 없는 상처가 된다. 부모가 한 말 한마디는 아이의 운명을 바꿀 수 있다. 자녀를 훌륭하게 키우고 싶은가? 그렇다면 항상 긍정적인 말을 입에 달고 살자. 눈치 빠른 요즘 아이는 부모가 내뱉은 말 하나로 부모의 인격적 완성도를 감지한다. 그런 점에서 우리는 부모로서 좀 더 정교하게 훈련을 쌓을 필요가 있다. 나조차 부모인 나를 잘 모르는데 누가 나를 부모로 알아줄까?

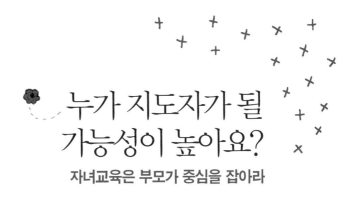

누가 지도자가 될
가능성이 높아요?
자녀교육은 부모가 중심을 잡아라

다음은 어느 초등학교 선생님이 들려준 얘기로, 아이를 어떻게 키워야 하는지 이처럼 잘 꼬집은 예가 또 어디 있을까 싶다. 아이는 그렇다 치고 부모가 새겨들을 필요가 있다고 여겨 여기에 소개한다.

그 선생님은 이미 글읽기를 깨치고 들어온 아이를 모두 똑같은 분단에 앉혔는데, 그중 두 아이만 자리가 부족해 다른 분단에 따로 앉게 되었다. 그 분단에서는 두 아이를 제외하고, 다른 아이들은 글읽기를 깨치지 못했다. 그래서 선생님은 그 아이들에게 글을 읽을 줄 아는 아이들만 있는 다른 분단으로 옮기고 싶냐고 물어보았다. 그랬더니 한 아이는 옮기고 싶다고 했고, 다른 아이는 그대로 지금 분단에 남아 있겠다고 했다. 물론 이제 막 초등학교에 입학한 아이가 무엇을 알겠는가. 당연히 그건 부모의 뜻이었을 것이다. 이 이야기를 하면서 선생님은 이렇게 물었다.

"두 아이 중 어느 쪽이 장차 지도자가 될 가능성이 더 높다고 생각하세요?"

선생님은 단연코 똑같은 분단 아이들과 함께 공부하겠다고 한 아이의 손을 들어주었다. 학교에서 배우는 것은 지식만이 아니다. 옆의 친구들과 함께 보내면서 인성이나 감성 등을 형성하는 방법도 배운다. 어려서부터 친구와 협력하여 배려하는 마음을 쌓은 아이는 장차 리더로 클 가능성이 더 높다. 나는 그 얘기를 듣는 동안 고개를 끄덕이지 않을 수 없었다. 아무리 효용성을 강조해도 교육의 본질은 본래 그 자리에 그대로 있다.

요즘 한국사회는 병적인 쏠림현상이 너무 심하다. 자녀교육법에서 이런저런 것들이 유행하더니 뒤를 이어 해외 유학이 폭풍처럼 휩쓸고 지나가고, 이제는 영아 때부터 영어교육을 해야 한다고 난리다. 도대체 부모들은 정신을 차릴 수 없다. 이런 세태를 반영한 때문인지 변하지 않는 고전적 가치는 낡은 것으로 치부되고, 온갖 장식이 그 자리를 대신한다.

알고 보면 자녀교육은 한국사회에서 그동안 일어났던 쏠림 현상의 가장 큰 희생양이다. 어느 집이든 내 아이만큼은 남과 다르게 특출하게 키우려고 조기교육 열풍이 불면 다들 거기로 뛰어든다. 그게 우리 아이한테 맞는지는 별개의 문제다. 그러다 보니 교육의 기본 이념은 시시때때로 바뀌고, 심지어는 몰개성적이며, 창의력도 떨어진다. 붕어빵 교육이 별 건가 싶다.

이런 유행과는 아예 담을 쌓은 나는 기회가 있을 때마다 우리 집 아이들에게 부모로서 확고한 나만의 견해를 밝혀 왔다. 그것은 요령이나 점수가 아닌 공부와 삶을 대하는 태도와 관련된 것이다.

"무엇을 공부하는 것보다 더 중요한 건 꾸준히 하는 것이다. 그러니 뭘 하든 진득하니 해보거라."

그러면서 어렸을 때 내가 직접 경험했던 일을 아이들에게 얘기해 준다. 초등학교 3학년 때까지 나는 받아쓰기를 제대로 못해 방과 후에 늘 남아서 나머지 공부를 해야 했다. 하지만 30년이 지난 지금 동창 중에서 나만 유일하게 책을 냈다. 그러니 아이는 저마다 자신의 방식으로 꾸준히 하면 되는 것이다.

지금은 비록 다른 아이보다 조금 더뎌 보일지라도 끝까지 포기하지 않는다면, 언젠가는 그 분야에서 남다른 성취를 얻을 수 있음을 부모는 아이에게 알려 주어야 한다. 이런 삶의 자세는 부모라면 당연히 가르쳐 주어야 할 몫이다.

아이를 교육할 때는 항상 원칙을 갖고 느긋하게 기다릴 줄 알아야 한다. 그렇다고 하루가 다르게 급변하는 세상에서 우리 아이들만 혹시 뒤처지지 않을까 걱정되지 않는 것은 아니다. 부모의 심정이란 게 이렇게 변덕스럽다. 그래서 말끝에 꼭 붙이는 후렴이 있다.

"하지만 주어진 시간 내에 답안지를 제출해야 할 때도 있는 거란다. 시간에 쫓겨서 허둥지둥 살 필요는 없지만 그렇다고 시간을 그냥 방치하는 것도 좋지 않다."

이 말을 하면서 아이들에게 지금 이 순간 무엇을 해야 하는지 강조하곤 한다. 하지만 효과는 그다지 없는 듯하다. 큰 딸아이는 여전히 '마이웨이' 식으로 가고 있으니……. 하지만 어쩌랴! 사람은 다 자기 타고난 관심과 재주로 살아갈 수밖에 없는 것을 말이다. 그러니 삶을 살아가는 방식만 옳다면 그것으로 족하다. 무엇을 하든지 당당하고 떳떳하면 된다. 그게 부모로서 몸소 선보여 아이에게 가르쳐야 할 교훈임을 나는 안다.

전경일 이민경 부부의 자녀교육 레시피

아이들에게 하고픈 얘기가 있다면, '천천히, 남들과 더불어, 너무 약지 않게, 은근한 태도로 일관하라'는 것이다. 세상에서 변하지 않는 것은 없을 듯하나, 아이의 성장에서 꼭 필요한 가치들은 절대 변하지 않는다. 이 절대적 가치를 확고하게 마음에 담고 커가는 아이라면 교육계에서 불고 있는 지금의 유행은 그다지 문제되지 않을 것이다.

항상 하는 말이지만, 문제는 항상 줏대 없이 유행에 이리저리 떠밀리는 부모다. 나 또한 그런 '문제 부모'가 되지 말란 법이 없다. 그러니 그나마 부모노릇을 제대로 할려면 삶의 원칙을 지키고, 아이들에게 부끄럽지 않게 떳떳한 방법으로 열심히 노력하는 것밖에…….

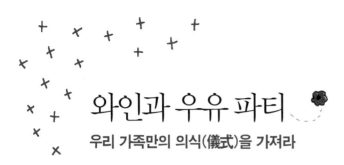

와인과 우유 파티
우리 가족만의 의식(儀式)을 가져라

우리 부부는 아이들과 '특별한' 대화의 시간을 가지려고 새 프로그램을 기획했다. 십대인 큰 딸아이는 점점 부모의 울타리를 벗어나 독자적으로 활동하려 하고, 둘째 딸아이는 아직은 부모의 품 안에 머물러 있지만 점차 관심을 밖으로 돌리는 중이다. 우리 부부가 서로 의논하여 마련한 이 의식은 지금 같은 시기에 적절한 프로그램이다 싶었다.

내 성장 과정에서도 그랬고, 성장기에 있는 아이가 모두 그러하듯 부모와의 틈은 점점 벌어지고 그 틈을 자연스럽게 친구들이 메운다. 십대를 지나 성년이 되면 좋아하는 연인이, 혹은 직장 동료가 그 틈을 차지할 거라고 생각하니 왠지 코끝이 시큰하다.

아이들과 정기적으로 대화하는 시간을 마련하려고 아내와 의논한 끝에 주말 저녁 시간을 활용하기로 결정했다. 이 시간만큼은 서로를 격려하고, 칭찬해 주며, 계획한 일들을 서로 이야기하는 것이다. 특히나 중학생이 된 큰 아이는 정서적으로 한창 민감하고, 공부 때문에 받는 스트레스도 많다. 아이가 가고자 하는 길은 계속해서 부모와 더불어 찾아볼 테지만, 지금 아이가 인생을 살면서 겪는 시행착오나 느낌 등은 이 시기가 아니면 서로 공유하기가 어렵다. 우리 가족이 칭찬 릴레이를 위한 '축하축하 파티'를 마련한 것도 이런 이유에서다.

이 주말 저녁 시간에 우리 부부는 큰 잔 가득 와인을, 아이들은 우유를 가득 채워서 모두 함께 건배도 하고, 파이팅도 한다. 아이들은 조잘조잘 잘도 떠든다. 자연스럽게 이야기해 줄 수 있는 자리만 마련해 주면 말이다. 물론 아이들의 조잘대는 얘기를 듣노라면 우리 부부도 어느새 한 주 동안 쌓인 스트레스가 풀리고, 마음도 훈훈해진다.

어느 가정에나 저마다 나름의 가족 의식이 있을 것이다. 나의 부모 세대에서는 밥상을 앞에 두고 아버지가 수저를 들기 전까지 절대 자식들은 수저를 들면 안 된다는 가부장적인 예의범절이 박혀 있었다. 이런 분위기에서 자란 내게는 이것도 하나의 경건한 의식으로 받아들여졌다. 아버지라는 존재와 땀 흘려 농사를 지어 얻은 쌀로 차린 밥상에서 가져야 하는 태도 등은 가족에게 일과 밥의 의미를 충분히 알게 해준 일종의 가족 의례였다.

지금 나는 한 가정의 가장이 되어 우리 가족만의 의식을 만들고 아이들과 함께 참여한다. 우리 부부가 만든 주말 행사는 효과 만점이었다. 이런 기회가 아니면 언제 아이들하고 같이 특별한 행사를 치러 보겠는가? 생각해 보면 미리 이런 '파티'에 참여해 봄으로써 아이들은 자연스럽게 공적인 행사에서 남을 대하는 예의를 배울 수 있을 것이다. 더불어 자신의 생각을 털어놓을 수 있는 기회도 갖고, 협동도 배울 수 있다.

자기 가족만의 이런 특별한 의식은 아이들에게는 하나의 추억으로 자리 잡을 것이다. 이런 추억은 아무리 나이를 먹어도 기억 속에서 아주 특별한 것으로 남아 있다. 더구나 가족 의식은 공동체 분위기를 더욱 깊게 만들어 준다. 종교가 있다면 가족 의식에 더 큰 의미를 부여할 수도 있을 것이다. 종교인은 감사기도를, 시를 좋아하는 가족은 시낭송을 의식 안에 포함시켜서 서로 간의 유대감을 더 높일 수 있다. 이것은 가족 간의 정신적이며 정서적인 면을 더욱 고양시켜 줄 것이다. 물론 부모는 항상 분위기가 즐겁고 부드럽게 되도록 이끌어 주어야 한다. 이때는 가급적 잔소리나 공부 얘기는 잠시 뒤로 밀어 두는 게 좋다.

아이가 자라듯, 가정도 자라야 한다. 가정 내 분위기가 아이

전경일 이민경 부부의 자녀교육 레시피

가 자라는 만큼 성숙해지지 못한다면 아이는 금세 좁은 공간을 답답하게 여겨 밖으로 뛰쳐나가려고만 할 것이다. 아이들을 자연스러운 분위기에서 자라게 하는 우리 가족만의 의식은 훗날 내 아이들을 멋진 부모로 만들어 줄 것이다.

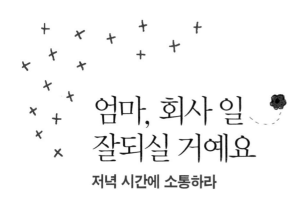

엄마, 회사 일 잘되실 거예요

저녁 시간에 소통하라

큰 딸아이가 최근 들어 많이 바뀌었다. 얼마 전까지만 해도 저녁을 준비할 때면 꼼짝 않고 제 방에 들어앉아 있다가 식탁을 다 차리고 나서도 몇 번씩 불러야 나타나던 아이가 말이다. 그런 아이의 태도를 바라보는 아내와 나의 시각이 각자 달랐는데, 나는 뭐든 하고 있으니 그냥 놔두라는 식이었고 아내는 다른 일 때문에 함께 식탁 차리는 일을 손 놓고 있어서는 안 된다는 것이었다. 서로 도와줄 수 있도록 가르치는 것이야말로 최고의 교육이라는 주장이었다.

말발이 센 아내의 의견에 따라 불려 나온 아이의 표정엔 불만이 가득했다. 하지만 엄마가 시키는 일을 하지 않을 수 없었다.

전경일 이민경 부부의 자녀교육 레시피

자기가 생각해도 너무했다고 판단했거나 나중에 엄마에게 당할 불이익을 염두에 두었을지도 모르겠다.

우리 집은 부부가 서로 맞벌이를 하기 때문에 아이들의 도움이 없이는 가사 일을 제대로 할 수가 없다. 아침부터 뛰어야 하는 바쁜 일상에서 아이들이 나 몰라라 한다면 지각하기 딱 알맞다. 그래서 우리 가정에서 아이들의 가사 참여는 필수사항이다. 물론 그것이 아내의 말마따나 아이들을 바로 키우는 방법이라는 점에서는 이견이 없다.

미국에서는 직장 다니는 엄마들의 77퍼센트가 홀로 저녁식사를 준비하며, 64퍼센트가 마지막 설거지까지 한다고 한다. 우리나라는 어떨까? 아마 수치가 더 높으면 높았지 낮지는 않을 것이다. 부모가 하루를 어떻게 보내는지 안다면 아마도 아이는 철들게 행동할지 모르겠다. 맞벌이 부부는 아이와 함께 할 시간이 엄마가 전업주부인 가정에 비해 상대적으로 적다. 따라서 퇴근 후에 식사 준비를 가족이 함께 한다면 아이와 함께 좀 더 시간을 보낼 수 있을 것이다. 그날 하루 동안 있었던 일들을 도란도란 이야기도 나누면서 말이다. 따로 시간을 내서 말하기 어려운 속마음을 은근슬쩍 얘기할 수도 있다.

얼마 전, 딸아이가 설거지를 하면서 엄마와 이야기하는 것을 엿듣게 됐다. 반 친구 이야기와 성적 이야기, 여름 캠프에 갖는 기대감 등 딸아이는 자연스럽게 자신의 생각을 이야기하고 있었다. 함께 식사를 준비하는 것이 서로의 생각을 이해할 수 있는 계기가 되었음에 틀림없다. 딸아이도 그 전보다는 엄마를 훨씬 잘 이해하게 되었을 테고 말이다.

"엄마, 회사 일 잘되실 거예요. 엄마는 원래 능력 있잖아요."

근심어린 표정으로 엄마를 격려해 주는 딸아이에게서 부쩍 자란 숙녀다운 모습을 발견했다. 가족 간에는 식사 준비만큼이나

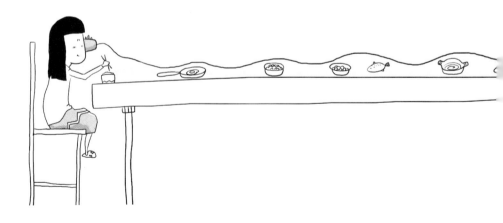

식사 중에 나누는 대화도 중요하다. 많은 부모가 식사 시간에 갈등 요소나 부담스런 대화를 주제로 삼아 귀중한 그 시간을 엉망으로 만들어 버린다. 가족이 모여 함께 밥을 먹는 자리는 서로를 질타하고 심문하는 곳이 아니다.

「가정의 재창조」의 저자인 재니스 로젠버그는 식탁에서는 특히 '손님을 가족처럼, 가족을 손님처럼 대하는' 것이 가장 중요하다고 말한다. 가족 구성원 자체를 손님으로 대한다면 부모 자식 간에도 지금보다 훨씬 정중하고, 예의를 갖추게 되지 않을까?

재론의 여지없이 식탁 위의 찬거리로 '충고'는 적당하지 않

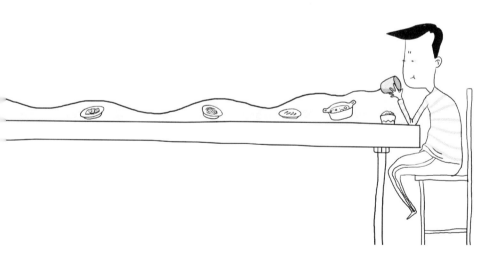

다. 식사 중에 전화나 TV를 시청하는 것도 결코 바람직하지 않다. 그런 가정은 곧 대화가 단절된다.

　그렇다면 엄마와 아이가 식사를 준비할 때 도대체 아빠는 뭘해야 할까? 신문을 뒤적거리거나 TV 앞에 코를 디밀고 있다면 당장 그만둬라. 대신, 보조 역할을 하자. 가족이 함께 즐겁게 밥상을 차리면서 가족공동체임을 더 깊이 느끼게 될 것이다. 물론 밥도 술술 더 잘 넘어간다.

전경일 이민경 부부의 자녀교육 레시피

가족의 역사를 써 보세요

한 집안의 가치를 높이는 일을 하라

내 아버지는 일제시대 때 태어나셔서 재작년 향년 82세로 유명을 달리하셨다. 아버지는 살아 계실 동안 우리 가족사를 자서전 형식으로 쓰고 계셨는데, 지금은 내가 받아서 이어 가고 있다. 그리고 그 가족사는 계속해서 우리 집 아이들이 써 나갈 것이다. 물론 이 일은 나뿐만 아니라 아이들의 성장사에도 많은 영향을 미칠 것으로 생각한다.

한 집안이 지닌 고유한 무언가는 가족구성원의 정체성을 만들어 주고, 이것은 훗날 후대의 아이들이 정체성을 형성하는 데도 큰 영향을 미칠 것이다. 일종의 자랑스런 '아우라'인 셈이고, 좀 더 거창하게 말하면 한 가정의 브랜드라고 할 수 있다.

가족의 역사를 대대로 쓰는 것은 가족 간, 세대 간의 간격을 훌쩍 뛰어넘게 해준다. 대대로 이어져 내려오는 전통과 자부심으로 아이들에게 깊은 의미를 가르쳐 줄 수 있다. 명가란 윗 세대가 부귀영화와 권세를 지녔다고 되는 것은 아니다. 그것은 그 가정이 지닌 기품이다. 명가를 만들고, 못 만들고는 지금 세대의 부모가 행동하기 나름이다. 이왕이면 아이를 품격 있는 사람으로 키워 내고 싶은 게 모든 부모 마음 아닐까? 그렇다면 좀 더 한 가정의 가치에 관심을 가질 필요가 있다.

전통의 영국 명문 옥스퍼드대학교에 합격한 한 젊은이가 부모와 함께 새로 맞춘 전통적인 입학식용 의복을 입고 식에 참석했다. 젊은이와 그 부모는 매우 자신만만했으며, 자부심에 가득 차 있었다. 사업을 해서 떵떵거릴 만큼 돈도 벌었고, 자녀도 영국 최고의 대학교에 입학시켰으니, 그 자부심이 보통이 아니었을 것이다.

식이 진행되는 동안 청년의 빳빳한 새 의복은 빛을 받아 살찐 흑마의 털처럼 윤기가 났다. 그러나 그 옆에 앉아 있는 친구의 옷은 매우 낡았다. 우쭐해진 젊은이는 옆에 앉은 친구에게 말을 걸었다.

"이 대학교는 학비가 보통이 아닌데 어떻게 등록금을 내려고

전경일 이민경 부부의 자녀교육 레시피

여기까지 굴러 왔어?"

그런 비아냥거리는 말에도 아랑곳하지 않고 낡은 옷을 입은 젊은이는 잠자코 듣기만 했다. 식이 끝나자 그 친구의 부모는 옷궤를 들고 와 열면서 아들에게 이렇게 말했다.

"6대 손자도 이 예복을 입은 걸 선조들이 아시면, 무척 자랑스러워하실 게다."

가까운 거리에 있었으므로 그들의 대화를 새 옷을 입은 젊은이와 그 부모도 듣게 되었다. 그 집안은 6대째 계속해서 후손을 명문 옥스퍼드대학교에 입학시킨 것이다. 그 낡은 의복 또한 적어도 헨리 몇 세 때인 1600년대쯤에 만들어졌을 테고 말이다.

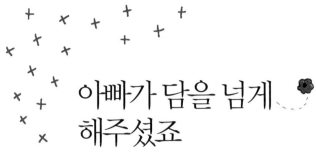

아빠가 담을 넘게 해주셨죠

사랑은 아이가 세상으로 나갈 수 있게 하는 가장 큰 힘

　큰 딸아이가 초등학교 다닐 무렵, 학교 운동장에서 함께 공 놀이를 한 적이 있다. 내가 세게 찬 공이 그만 담을 넘어 담장과 담장 사이에 끼어 버렸는데, 아이는 자신이 꺼내 올 테니 담장 위로 들어 올려 달라고 했다. 그다지 위험해 보이지 않아 나는 무등을 태워 아이를 담 위로 올려 주었고, 아이는 화단 위로 사뿐히 내려앉더니 가서 공을 주워 왔다. 그 뒤 나는 그 일을 까마득히 잊어버렸다. 그런데 어느 날 그 일을 기억하고 있던 큰 아이는 아빠가 담을 넘게 해주셨다며 내게 말했다. 그 말을 할 때 아이의 얼굴에는 자신이 그 일을 해냈다는 뿌듯함이 가득하였다. 내게는 쉽게 잊어버릴 그저 그런 일이었지만 아이에게는 평생 남을 기억

전경일 이민경 부부의 자녀교육 레시피

이 되었던 것이다. 머릿속에 저장된 어떤 기억을 떠올릴 때면 마음이 따뜻해질 때처럼 말이다.

주말이면 등산을 하는 나는 날씨가 좋으면 때론 우리 집 작은 딸아이를 데리고 간다. 그날도 도봉산에 갔는데, 5월이라 날씨도 좋고 둘째 녀석과 줄곧 땀을 흘리며 오르는 재미에 석굴암까지 올라갔다. 깎아지른 듯한 자운봉 바위 끝을 가리키며 저곳이 정상이라고 말하자 딸아이는 기어이 자운봉 아래까지 갔다. 거기서 자일파티를 하는 아저씨들을 보며 자신도 줄을 타고 오르겠다고 고집을 부렸다.

산꾼 아빠를 닮아 산을 좋아하는 거야 흐뭇한 일이지만, 녀석의 고집에 그만 혀를 내둘렀다. 나중에 등반가가 되려고 저러나 싶었다. 간신히 바위를 타는 아저씨가 준 슬링으로 달랬지만 아이는 여간 아쉬워하지 않았다. 딸아이는 내 배낭에서 수첩을 꺼내 달라더니 거기에 무언가를 적어 바위 아래 자신의 의지를 남겼다. '마지막 영광을 위하여!'

큰 애나 작은 애나 언젠가는 내 곁을 떠나 자신만의 세상을 향해 날아갈 것이다. 지금은 엄마아빠가 만들어 놓은 가정이란 고치 속에 꼬물거리며 머물고 있지만 언젠가는 화려한 날개를 펼쳐 하늘로 솟구쳐 오를 것임을 안다. 부모 앞에서 자신을 뛰어넘는 도전을 하여 자신감을 얻게 해주는 것은 아이의 어깨에 날개를 달아 주는 일이다. 어깨 죽지에 힘을 기르고, 날개 깃을 다듬어 세상을 향해 날아오를 수 있는 힘을 부모는 아이에게 주어야 한다. 나는 그 힘의 원천이 사랑임을 안다. 사랑이 그들을 힘차게 날아오르게 할 것임을.

사랑을 충분히 받은 아이는 뱃심이 두둑하며, 늘 세상을 긍정적으로 바라보고 도전한다. 그 반대의 아이는 커서도 부족한 사랑을 채우려고 항상 부모의 주위를 맴돈다. 물론 그 부모도 아이에게 부족한 사랑을 채워 주지 못해 영혼이 허기질 것이다.

아이에게 부모는 돋음닫기할 때 디디는 등판이다. 아이가 부모를 딛고 더 높이 뛰어오를 수 있도록 끈기를 갖고 기다려 주어야 한다. 그리고 아이에게 무한한 배려를 아끼지 말아야 한다. 그 등판이 부모의 넉넉한 가슴일 수도 있으나, 실은 무한한 사랑임을 나는 안다.

사랑의 대상

「결혼, 끝없는 사랑의 예술」을 쓴 데이빗 메이스는 첫딸이 태어났을 때의 감동을 다음과 같이 시로 표현했다.

내게는 사랑의 대상이 둘 있다.
그런데 이상한 것은

제2의 대상을 사랑하면 할수록

제1의 대상도 나를 더욱더 사랑해 준다.

아이를 사랑하면 할수록 배우자를 더 깊게 사랑하게 되는 것은 모든 부모의 공통점인 듯하다. 나는 우리 집 딸들이 엄마를 닮았기에 더욱 사랑스럽다. 평생 연애하는 것처럼 살겠다고 장인어른 앞에서 호언장담해서 얻은 아내가 아니던가! 큰 아이가 태어났을 때 갓 태어난 아이의 탯줄을 자르며 나는 우리가 맺은 인연과 사랑의 깊이를 새삼 다시 느꼈다. 그건 말로는 도저히 표현할 수 없는 놀라운 체험이었고, 갓 태어난 생명을 향한 이상야릇한 감정이자 뿌듯함과 책임감이었다.

내가 삶에 분발함으로써 우리 가족이 더욱 행복해질 수 있다면 세상 어느 아빠가 몸이 으스러져라 일하지 않겠는가? 결혼해서 아이를 낳으면 돈을 번다는 말은 바로 이런 인생살이의 기묘한 묘미를 몸소 체득한 옛 어른들이 만든 말인데, 오늘날에도 여전히 들어맞는다. 아이가 커가는 모습을 보면서 부부가 더욱 노력하게 되니 살림이 나아지는 것은 당연하다. 나 또한 아이를 낳으면서 살림이 훨씬 윤택해졌음을 인정한다. 자연히 아내와의 금실도 더 좋아졌다.

아이를 낳아 키운다는 건 자신을 하나의 인격체로 완성해 가는 과정이다. 서로 사랑하는 대상이 그 사랑의 크기를 더욱 키워 간다면 그만한 행복도 없을 것이다. 나는 그런 대상과 매일 껴안고, 뒹굴고, 입을 맞추며, 새록새록 잠이 든 얼굴도 볼 수 있어 더할 나위 없이 행복하다. 아이들의 모습을 보며 아내와 포옹할 때 나는 세상에 부러울 게 없다. 이 행복을 다 누가 주었던가?

감사와 행복의 순간을 떠올려 주라

인천 용유도까지 바람을 쐬러 가는 길, 무료함을 달래려고 아이들에게 질문을 하나 던졌다.

"어떤 때 우리 딸들은 감사하고 행복하지?"

아이들은 잠시 생각하더니, 하나씩 자기가 생각하는 감사와 행복의 순간들을 얘기하기 시작했다. 초등학교 1학년생인 둘째 딸은 이럴 때 감사하고 행복하다고 말했다.

- 학교에서 선생님이 보너스로 놀이 시간을 주실 때
- 수업 시간에 사탕을 주실 때
- 학교에서 간식을 먹을 때
- 선생님이 맛있는 과자를 주실 때

전경일 이민경 부부의 자녀교육 레시피

- 엄마가 용돈을 주실 때
- 대학생인 사촌 오빠가 다니는 학교에 갔을 때
- 가족끼리 여행을 떠났을 때
- 선생님이 칭찬해 주실 때
- 아빠랑 같이 산에 갈 때
- 엄마가 나 낳아 주셨을 때
- 엄마가 나를 훌륭하게 키워 주신 것
- 내가 모르는 것을 엄마가 가르쳐 주실 때
- 아프다고 식구들이 걱정해 줄 때
- 언니 친구들이 왔을 때

중학교를 다니는 큰 딸은 이럴 때 감사하고 행복하단다.

- 잠에 스르르 빠져들려 할 때
- 정말 좋은 영화를 봤을 때
- 잊어버렸던 노래 가사가 떠올랐을 때
- 자신에 관한 사소한 것들을 기억해 줄 때
- 엄마가 피곤해도 짜증을 안 부릴 때
- 아빠가 내 말을 경청해 주실 때

아내는 이럴 때 감사하고 행복하단다.

- 남편이 보너스를 받아 올 때(힘들게 일해서 벌어다 주는 것이니 항상 감사하다고 언젠가 아내는 내게 메신저로 말한 적이 있다.)
- 아토피 걸린 딸아이가 나았을 때

운전을 아내가 해서 대화는 주로 나와 아이들이 했는데, 내 차례가 왔을 때 나는 이럴 때 감사하고 행복하다고 말했다.

- 회사에서 하는 일이 순조롭게 진행될 때
- 너희가 별 탈 없이 무럭무럭 자랄 때
- 하루하루 나아지면서 삶의 희망이 보일 때

끝으로 나는 우리가 말한 이 모든 것에 감사한다고 말했다. 더구나 그때는 햇빛도 눈부시게 빛났고, 둘째 딸아이가 얘기했듯 가족끼리 여행을 떠나는 중이 아니었던가. 나는 아내와 아이들이 있는 것만으로도 너무나 행복하고 감사할 따름이다.

전경일 이민경 부부의 자녀교육 레시피

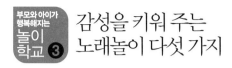

감성을 키워 주는 노래놀이 다섯 가지

노래는 우리의 생활이다. 노래를 이용하여 놀이를 하다 보면 어휘력이 좋아지고, 음악적 감각까지 기를 수 있다. 입으로 흥얼거리며 아이들과 함께 즐겁게 즐겨보자.

1 | 흙을 다지며 박자 감각을 익히는 두껍아, 두껍아~

"두껍아, 두껍아 헌 집 줄게 새 집 다오. 두껍아, 두껍아 물길어 오너라 너희 집 지어 줄게. 두껍아, 두껍아 너희 집에 불났다. 쇠스랑 가지고 뚤레뚤레 오너라."

모래놀이는 언제나 즐겁다. 모래를 모으고, 움켜쥐고, 뿌리고, 쌓고, 다시 무너뜨리고 등 내가 어렸을 때 이 놀이는 자유를 느끼게 해주었던 것 같다. 모래알이 손으로 빠져나가는 순간의 느낌이 너무 좋아 해가 지는 줄도 몰랐던 기억이 새롭다. 이 놀이는 먼저 장소를 확인하는 것이 좋다. 비가 온 후라면 모래가 축축한지 확인하고, 비가 오지 않았으면 물을 살짝 뿌린 후에 시작하는 것이 좋다.

▲ 집중력과 소근육 발달에 좋다.

2 | 질서를 지키며 대문을 통과하는 대문놀이

"동동동대문을 열어라, 남남남대문을 열어라, 열두 시가 되면은 문을 닫는다!"

대문놀이는 온 가족이 같이 해야 재미있다. 최소 4명 이상은 되어야 하며, 아이의 친구를 초대했을 때 놀아 주면 센스있는 아빠가 될 것이다. 대문놀이를 할 때는 장애물이 없는 넓은 곳에서 하는 것이 좋으며, 첫 번째 문지기는 엄마아빠가 되어 준다. 아이와 친구들이 한 줄로 늘어서면 노래를 부르면서 차례대로 문 사이를 지나가는데, 문지기에게 잡히지 않도록 주의해야 한다. 이때 잡히면 곧바로 술래, 즉 문지기가 되어야 하기 때문이다.

▲ 신체 조절 능력과 사회성, 규칙 이해 등 다양한 효과를 준다.

3 | 옆 친구와 손을 잡고 하나 된 마음으로 외치는 꽃따기놀이

"우리 집에 왜 왔니? 왜 왔니? 왜 왔니?"
"꽃 찾으러 왔단다, 왔단다, 왔단다."
"무슨 꽃을 찾으러 왔느냐, 왔느냐?"
"00꽃을 찾으러 왔단다, 왔단다."

이 노래는 국민노래라고 해도 무색하지 않을 것이다. 이 노래를 힘차게 부르며 당당하게 걸어 나가면 아이는 저절로 어깨에 힘이 들어가고 당당해진다. 먼저 편을 나눈 다음

전경일 이민경 부부의 자녀교육 레시피

앞으로 나가면서 노래를 부른다. 노래가 끝나면 이름이 불린 사람과 이긴 편의 한 사람
이 나와 가위바위보를 하는데 여기에서 진 사람은 이긴 사람의 편으로 가야 한다.

▲ 리듬감과 자신감, 사회성을 배울 수 있다.

4 | 긴장감과 스릴이 넘치는 여우야, 여우야 뭐하니?

"여우야, 여우야 뭐하니?"

"잠 잔다."

"잠꾸러기~"

"여우야, 여우야 뭐하니?"

"세수한다."

"멋쟁이~"

"여우야, 여우야 뭐하니?"

"밥 먹는다."

"무슨 반찬?"

"개구리 반찬~"

"죽었니? 살았니?"

"죽었다(살았다)."

잠을 자고 세수를 하고 밥을 먹던 여우가 고민한다. '죽었다고 말할까? 살았다고 말할

까?' 죽었으면 상관없지만 살았으면 얼른 달아나야 하는 긴박했던 순간이 기억난다.

▲ 호기심, 신체 조절력, 음악적 리듬감 등을 키워 줄 수 있다.

5 | 찰방찰방~ 온몸을 움직이는 고무줄놀이

"월, 화, 수, 목, 금, 토, 일"

"우, 리, 아, 빠, 최, 고"

"전, 래, 놀, 이, 재, 밌,어"

딸이 있다면 고무줄놀이를 권하고 싶다. 이 놀이는 방법도 다양하다. 1줄, 2줄, 3줄 고무줄을 만들어 놀이를 할 수 있고, 처음에는 발목, 그 다음에는 종아리, 무릎, 허벅지, 허리까지 높이를 조절할 수 있기 때문에 성취욕을 키워 줄 수 있다.

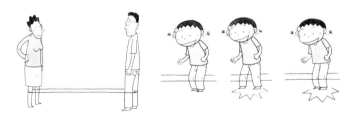

▲ 민첩성과 대근육 발달에 좋다.

전경일 이민경 부부의 자녀교육 레시피

내 아이의 행복을
생각한다면
이것만은
꼭 챙겨라

전국민 아인경 부부의 자녀교육 백서(?)

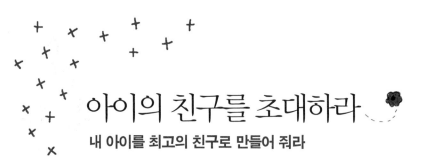

아이의 친구를 초대하라

내 아이를 최고의 친구로 만들어 줘라

      십대들에게 우정은 가장 중요한 공통의 관심사다. 친구에게서 인정이나 관심을 받을 때 아이는 안정감을 느낀다. 우정이 바탕이 될 때 아이의 공동체 의식은 더욱 강화된다. 아이에게 친구가 적다면 우정이 바탕이 될 수 있는 취미를 길러 주는 것도 하나의 방법이다.

      친구들을 집으로 초대하는 것은 아이의 자신감과 사교력을 높여 준다. 좀 더 활동적으로 행동하게 하고, 대인관계에서도 부드러운 리더십을 발휘하게 해준다. 자기 중심이 아닌 타인을 배려하는 방식으로 지도력을 키워 나갈 수 있게 한다. 아이는 가족의 의식을 체험함으로써 자연스럽게 사회생활에 적응하게 되고,

전경일 이민경 부부의 자녀교육 레시피

거기서 리더십과 대화의 기술 등 많은 것을 배
울 수 있다.

한약도 어렸을 때 먹여야 약효
가 있듯, 다른 사람과 관계를 맺
는 능력도 어렸을 때부터 길러
주면 좋다. 어려서부터 익혀
온 관계 맺기는 나이가 들
어 따로 많은 돈을 들이며
배우는 수많은 리더십 훈
련이나 사교모임에 참여
하는 것보다 훨씬 효과
가 크다.

아이는 아직은 어린
나무와 같다. 처음부터 가
지를 잘 다듬고, 손질해 주
면 큰 힘을 들이지 않고도 멋
진 재목감을 만들 수 있다. 그러
나 뒤늦게 바로잡으려면 힘만 많이
들 뿐 효과는 거의 없다.

내가 아는 한 지인은 아이의 친구들을

초대하여 세 가지 다른 방식으로 자리를 배정하면서 리더십이 어떻게 달라지는지 실험해 보았다. 한 번은 직사각형 식탁에 초대 받은 아이들의 한 가운데에 자기 집 애를 앉혔고, 그 다음에는 아이를 맨 끝에 앉혔다. 그리고 마지막에는 원탁의 한 가운데에 아이를 앉혔다. 그는 식탁 모양과 앉는 위치에 따라 아이의 리더십이 어떻게 달라졌을 것 같냐고 물어보았다. 나는 직사각형 식탁에서 한 가운데 앉았을 때 아이가 가장 리더십을 잘 발휘했을 것 같다고 대답했다.

하지만 결과는 의외였다. 원탁에서 한 가운데 앉았을 때가 가장 조화로운 리더십을 보였다고 한다. 직사각형 식탁의 한 가운데 앉았을 때는 다른 아이들을 움츠러 들게 만들며 분위기가 어색해졌고, 맨 끝에 앉았을 때는 아이가 다른 아이들의 관심을 모으지 못하는 듯 했다는 것이다. 물론 이 간단한 실험만으로 일반화시키기에는 다소 무리가 있다. 하지만 요즘처럼 남보다 더 두각을 나타내는 교육만 강조하는 시대에서 공동으로 배려할 수 있는 장을 마련하는 것만으로도 훨씬 리더십을 배가시킬 수 있을 것이다.

아이의 친구를 집으로 초대해 관계를 원만하게 유지할 수 있도록 하는 것은 여러 면에서 아이의 정서적 성장을 도와준다. 이것은 아이 스스로 남과 함께 어울리는 방법을 깨우치게 해준다.

이 방식이야말로 앞으로 사회에서 요구하는 리더십의 모습이 아닐까? 누구를 이기는 것이 교육의 목표였던 시대와 견주어 볼 때, 많이 발전된 형태임에 분명하다. 아이의 행동은 우리가 이 사회를 어떻게 만들어서 다음 세대로 넘겨주어야 할지 알게 해준다. 아이들에게서 나는 참 많은 것을 배운다. 우리 집 아이들도 내게서 많은 것을 배우며 자라고 있을까?

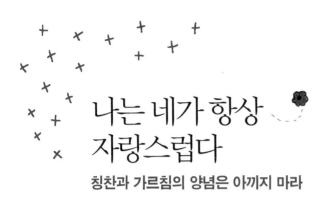

나는 네가 항상 자랑스럽다

칭찬과 가르침의 양념은 아끼지 마라

 큰 딸아이는 어린 나이에 골수염 수술을 받았다. 나는 아이가 위험한 수술을 잘 견디고, 무럭무럭 자라서 항상 고마웠다. 그리고 그런 마음을 '네가 항상 자랑스럽다'는 칭찬으로 알려 준다. 해맑게 웃는 모습을 보면서 부모의 진심 어린 칭찬이 아이에게 통했음을 느낄 수 있었다. 칭찬이란 어떤 일을 특별하게 잘했을 때만 할 수 있는 게 아니다. 아이가 아무 탈 없이 건강하게 잘 자라 주는 것만으로도 우리는 항상 아이에게 고마운 마음을 가져야 한다.

 얼마 전, 우리 부부는 조그마한 액자를 두 개 샀다. 그것으로 오랫동안 마음속에 품었던 기념품을 만들어 두 딸아이에게 선물로 주었다. 그것은 큰 아이가 태어났을 때와 둘째 아이가 태어난 지 두 달이 되었을 때 찍은 발바닥 스탬프였다. 그것들을 액자에 넣어 주면서 두 아이에게 이렇게 말했다.

"나가거라. 이 발로 세상 어디든 마음껏 뛰쳐나가거라!"

내게 그것은 나름의 의미가 담긴 선물이었다. 선물을 건네면서 불현듯 아이들이 태어났을 때 받았던 감동이 한꺼번에 몰려왔다. 무척 감동한 표정으로 선물을 받은 큰 아이는 태어났을 때 자기 발의 크기를 재보고는 신기해 했다. 나는 두 딸을 키우면서 칭찬과 감동은 서로 다른 두 개가 아니라 하나임을 깨달았다.

태어난 지 얼마 되지 않은 아이가 첫발을 내딛고 비틀비틀 걸어와 내 품에 안길 때 느꼈던 감격을 나는 아직도 잊지 못한다. 이때 우리 집 아이는 얼마나 큰 칭찬을 받았었던가! 성공은 아무리 사소한 것일지라도 칭찬할 만한 가치가 있다. 그것은 너무나 이루기 쉬운 사소한 성공에도 일일이 칭찬을 해주라는 말이 아니다. 그럴 땐 진정성이 의심받을 수 있다.

초등학교에 입학한 큰 아이가 처음으로 100점을 받았을 때 나는 아이와 함께 도전하고, 성취를 맛보았다. 그때 우리는 빵과 우유를 먹고 있었는데, 아이는 입 안의 빵을 한동안 씹을 줄 몰랐다. 아빠의 웃음 넘치는 표정에 집중하느라고 말이다.

또 둘째 아이가 또박또박 자기주장을 논리적으로 폈을 때, 나는 아이의 뺨을 거의 핥을 정도로 끌어안고 대견해 했다. 나는 아이들에게 자주 '너는 특별한 아이다!' 고 말해 준다. 우리 집 아이들이 특별히 잘나서가 아니다. 나는 아이들이 어떤 특별한 재능을 타고났는지 모른다. 하지만 부모의 칭찬과 격려는 평범한 아이조차 자신이 특별하다는 신념을 갖게 만든다. 부모의 말이 아이들의 인생에 끼어들어 마술을 부리기 시작하는 것이다.

위대한 사람들조차 그들의 탁월함이 부모의 칭찬에서 비롯되었음을 믿어 의심치 않는다. 칭찬을 받고 자란 부모는 아이를 칭찬하는 데 결코 인색하지 않다. 설령, 그런 환경에서 자라지 않았다 해도 부모라면 아이의 인생에 마땅히 훈풍을 불러일으켜야 한다. 그게 부모가 된 사람의 소임이다.

스스로 칭찬받는 부모가 되려는 노력을 게을리하지 않는다면 아이에게 하는 칭찬의 무게가 결코 작지 않다는 걸 알게 될 것이다. 그러니 아이를 대할 때는 말에 칭찬과 격려의 양념을 듬뿍 듬뿍 쳐서 건네주어라. 그것이 아이와 부모가 함께 커가는 비결이다.

전경일 이민경 부부의 자녀교육 레시피

저는 투우사가 될래요

내 아이의 꿈에 귀를 기울여라

"저는 영화감독이 되고 싶어요."

큰 딸아이의 소원이다. 딸아이의 장래 희망을 듣는 순간 내심 '그 배고픈 직업을 굳이 뭐하러 할려고 하나' 하는 생각이 드는 걸 보니 나는 아직도 경계를 뛰어넘지 못한 부모인가 보다.

아이가 집에 들어오자마자 커서 직업 투우사가 되고 싶다고 한다면 어떤 대답을 해주어야 할까? 혹은 이발사가 되겠다고 한다면? 이 질문에 태연하게 '그게 네 꿈이라면 꼭 이루거라'고 말할 수 있는 부모는 거의 없을 것이다. 일순 불가능해 보이거나 부모의 기준에 맞지 않는 꿈이라고 해서 거부감을 보이는 것이 부모의 편견임을 순순히 인정하고 받아들이는 부모가 과연 몇이나 될까?

아이를 키우면서 때로는 기상천외한 꿈 때문에 당혹감을 느꼈을 것이다. 왜 공부를 잘해야 훌륭한 사람이 되느냐는 질문에 우리는 가장 평범한 대답만 내놓으면서도 그것이 정답인 양 아이에게 주입시킨다. 공부를 잘하는 일은 온갖 세상사 중에서 가장 쉽고, 실패할 가능성도 적으며, 가장 평범한 대중이 되는 한 방법이라는 것을 전혀 알려 주지 않으면서 말이다. 물론 공부를 잘하면 못하는 아이보다는 기회를 더 잡을 수 있고, 한국사회에서 계속 꼬리표처럼 따라다니는 학력에서 유리한 것도 사실이다. 당연히 인생 출발선에서도 좀 더 앞서 나갈 수 있다. 하지만 그뿐이다.

그것은 탁월함의 증표도 아니고, 훌륭한 인생을 살아가는 만고불변의 진리도 아니다. 우리는 자신이 살아온 가치관과 세상살이의 경험을 바탕으로 아이를 가르칠 때가 많다. 그러나 그것이 앞으로 아이가 살아갈 세대에도 적용되는 가치관이라는 보장은 없다.

아이에겐 꿈이 중요하다. 어떤 꿈을 꾸게 하느냐보다 중요한 건 없다. 제 아무리 황당무계할지라도 꿈을 갖도록 북돋아 주어야 한다. 중요한 점은 아이가 꿈을 가졌다는 것이며, 그 꿈을 실현하려면 어떻게 해야 할지 서로 생각해 볼 수 있다는 것이다.

전경일 이민경 부부의 자녀교육 레시피

아이가 자라면서 가장 먼저 해야 할 일은 꿈을 갖는 것이다. 현실적 문제들은 나중에 고민해도 충분하다. 이때 맘껏 꿈을 꿔보지 못한다면 언제 또 해보겠는가!

우리 아이가 꿈을 잃고 메마르게 살아가길 바라는가? 그렇지 않다면 아이를 꿈의 세계로 인도해서 마음껏 꿈꾸도록 하라. 투우사가 되면 적어도 부모는 신나게 응원을 해줄 수 있지 않는가? 혹은 이발사가 되면 늙은 아버지의 머리를 다듬으면서 얘기할 기회도 많아질 테고 말이다. 나는 아이들이 있어 너무 좋다. 그들이 꿈을 지니고, 그걸 추구하기에 더욱 좋다. 부모로서 아이의 꿈을 따라가지 못할 정도로 낡은 사고를 해서는 안 된다. 그렇지 않아도 부모와 자식 사이에는 이미 충분히 넓은 간격이 있으니까 말이다.

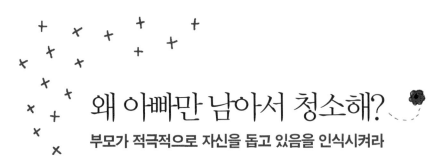

왜 아빠만 남아서 청소해?

부모가 적극적으로 자신을 돕고 있음을 인식시켜라

내가 초등학교를 다닐 때는 농사짓는 부모님이 학교까지 와서 청소를 한다는 건 감히 상상도 못할 일이었다. 바쁜 농사일 때문에도 그랬지만, 그 무렵 시골 농가의 정서가 그것을 용인할 만큼 개방적이지도 않았다. 요즘엔 학부모가 아이 교실을 청소하는 것이 너무나도 흔한, 당연한 일이다. 과거와 비교해 볼 때 격세지감을 느끼지 않을 수 없다. 그만큼 시대도 바뀌었고, 부모의 여유나 의식도 바뀐 것이다.

웬만한 아이들 일엔 주로 아내가 가지만, 교실 청소를 해야 한다는 통보에는 가위바위보를 해서 진 사람이 간다. 그날은 내가 가게 됐다. 큰 딸아이와 터울이 7살이나 지는 둘째를 둔 나이

전경일 이민경 부부의 자녀교육 레시피

든 부모로서, 더구나 남자가 작업복에 모자를 쓰고 교실로 들어서자 젊은 엄마들이 의아한 얼굴로 나를 쳐다보았다. 이럴 때일수록 더 열심히 하는 모습을 보여 줘야지 하며 책상과 걸상을 교실 뒤로 밀고, 걸레질을 하며, 걸레를 빨아 창틀이며 문짝까지 세심하게 닦았다. 대충 끝났다 싶었을 때 다들 주섬주섬 가방을 싸는 걸 보고, 나는 다시 교실을 점검해 보았다.

그런데 뿌옇게 먼지가 앉은 유리창이 눈에 띄었다. 창문을 열고 닦으려니 팔이 닿지 않아 아예 창문을 하나씩 떼어내 화장실로 가져가서는 물 세척을 했다. 빨리 끝내고 가려 했던 엄마들은 엉거주춤하더니 하나둘씩 핑계를 대며 자리를 뜨기 시작했다. 어차피 작정하고 벌인 일, 혼자라도 말끔히 청소하지 않으면 영뒤끝이 찜찜할 것 같았다. 게다가 아이들이 교실에서 투명한 유리창을 통해 밖을 내다보게 하고 싶었다. 그때 내겐 어린 아이들이 불투명한 창으로 세상 밖을 내다보게 하고 싶지 않다는 치기 같은 것이 있었는지도 모르겠다.

내가 창문을 닦고 있을 때 딸아이는 마지막으로 남은 아이와 함께 칠판에 그림을 그리면서 놀고 있었다. 갑자기 아이가 묻는다.

"왜 아빠만 남아서 청소해?"
나는 뚝뚝 떨어지는 땀을 닦으며 대답해 주었다.

"우리 딸 교실 청소하는 게 좋아서."

그러자 딸아이는 내게 윙크를 하고는 다시 칠판으로 고개를 돌려 그림 그리기에 몰두했다.

언제 또 내가 딸아이와 둘이 교실에 남아 이렇게 시간을 보내겠는가? 청소를 하는 동안 나는 오히려 즐거움이랄까, 아이를 키우는 기쁨에 흠뻑 젖었다. 이것은 큰 딸아이가 초등학교를 다닐 때 우리 부부가 교실 청소하면서 느낀 즐거움과 보람을 다시 연상시켜 주었다.

그때 나는 천장에 있는 오래 묵어 푸석해진 페인트 자국까지 남김없이 긁어내는 청소를 했다. 아이 엄마가 애들이 교실에서 밥을 먹는데 저런 게 떨어지면 어떡하느냐고 말했기 때문이다.

우리 아이만이 아닌 이 교실의 모든 아이가 마치 내 아이가 되는 순간, 나는 좀 더 어른이 된 듯한 느낌에 사로잡혔다. 아이의 교실을 청소하며 적잖은 깨우침을 얻은 것이다.

청소를 다 끝내고 아이와 손을 잡고 복도를 걸어가는 내게 딸아이가 이렇게 말했다.

전경일 이민경 부부의 자녀교육 레시피

"우리 아빠가 최고 열심히 하더라. 아빠 최고!"

　부모는 남을 도울 때 적당히 생색만 내는 선에서 도와
주도록 아이에게 가르쳐서는 안 된다. 물론 나보다 먼저 교실을
떠난 엄마들을 빗대서 하는 말은 아니다. 유리창을 닦은 건 순전
히 내가 선택한 것이었기 때문이다. 부모의 헌신적인 노력과 땀
을 아이는 기억한다. 무슨 일에든 대충하는 게 아닌 전력을 다하
는 자세를 부모는 아이에게 보여 줘야 한다. 그것이 아이의 삶은
물론, 아이가 자라며 살게 될 세상의 방식을 바꾸는 것이기
에…….

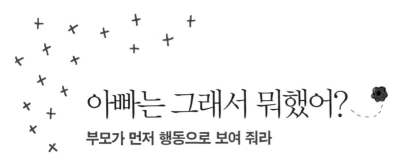

아빠는 그래서 뭐했어?

부모가 먼저 행동으로 보여 줘라

지구 온난화나 광우병, 외국인과 하는 국제결혼 같은 문제를 어떻게 생각하는지 아이가 의견을 물어볼 때 평소에 소신이나 철학이 없으면 딱히 해줄 말이 없다. 더 나아가서 이런 문제에 어떻게 대처해야 하느냐고 묻기까지 한다면 더 난감할 것이다. 대충 머릿속 얕은 지식을 묶어서 대답을 해줘도 아이가 "아빠는 그래서 어떻게 했는데?" 하고 되물어 보면 말과 행동을 실천하지 못한 것에 얼굴이 화끈 달아오르기도 한다.

아이를 가르치는 일은 말이 아니라 행동으로 드러나야 한다. 그래야 아이 앞에서 떳떳할 수 있다. 아이에게 늘 이렇게 자라야 한다고 훈계를 늘어놓지만 정작 부모는 그렇게 살지 못하니 공허

한 말이 될 뿐이다. 이럴 땐 부모로서 어떻게 하는 게 좋을까?

우선은 생활 속에서 실천할 수 있는 작은 일부터 찾아보라고 권하고 싶다. 지구온난화를 막을 수 있도록 환경단체활동을 시작하든, 조그마한 정성을 모아 성금을 전달하든, 집 안의 쓰레기를 철저하게 분리수거하든 작은 실천부터 시작해 나가면 된다. 그런 부모의 행동을 직접 눈으로 보면서 아이는 큰 영향을 받는다.

부모의 행동으로 이어지지 않는 말은 아이를 행동하는 사람으로 이끌지 못한다. 오히려 남에게 이끌려 다니는 주체성 없는 사람이 되기 싶다. 직접 행동해 보았을 때라야 그것의 참 의미를 알고, 생각만 했을 때와 어떻게 다른지도 알 수 있다. 아이와 함께 몸소 행동을 함으로써 부모는 성장하고, 아이는 부모에게 존경심과 친밀감을 느끼게 된다.

광우병은 위험한 병이라는 일반론이 아닌 생활 속의 대처방법을 알려 주고, 다양한 토론에 직접 아이와 참여해 봄으로써 적잖은 경험을 심어 줄 수 있다. 토론에 직접 참가해 본 아이는 사람의 힘이 얼마나 강한지 스스로 터득하게 되고, 민주주의에서는 직접 참여하여 주장을 펼칠 수 있다는 것과 폭력이 왜 나쁜지 자연스럽게 알게 된다. 이 아이는 자라서 사람들과 함께 할 때 논리적이며 평화적인 방식으로 주장을 펼치게 될 것이다.

부모가 행동으로 보여 주지 않고 계속 말로만 요구한다면,

아이는 매번 핑계로 일관할 것이다. 이런 아이는 자연스럽게 몸으로 터득하고, 머리로 생각하고 판단하는 과정을 겪지 못한다. 넓은 세계를 구경조차 해보지 못한 아이가 어떻게 큰 꿈을 가질 것이며, 자신의 비전을 내재화시킬 수 있을까?

아픈 외국인이 병원에 가서 자신의 증상을 어떻게 설명해야 할지 모르는 고충을 겪지 않게 하려고 아주 세밀한 표현까지 각국 언어로 옮기는 일을 아이와 함께 했다는 어느 부모는 아이와 함께 삶의 후미진 곳에서 가장 놀라운 실천을 한 것일 게다. 그것을 보며 나는 부모로서 짊어져야 할 책임감이 무엇인지 다시금 생각해 보게 되었다.

부모의 조그마한 실천이 아이를 떳떳하고 당당하게 키운다. 나아가 부모와 함께 삶의 작은 것들을 실천함으로써 남다른 정신적 성장을 꾀할 수도 있다. 나는 우리 아이들이 좀 더 멋진 세상에서 살 수 있도록 조금이나마 힘을 보태고 싶다. 자신의 자리에서 조금씩 행동으로 실천하는 부모로서 아이들 앞에서 당당하고 싶다. 아이들은 늘 부모 영혼을 일깨운다.

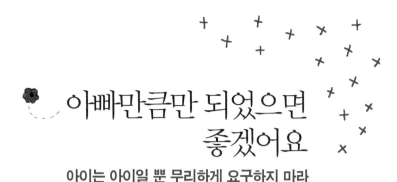

아빠만큼만 되었으면
좋겠어요
아이는 아이일 뿐 무리하게 요구하지 마라

아이를 키울 때 양식 있는 부모가 되는 길은 여러 가지다. 아이가 앞으로 살아갈 인생을 부모의 세계관 내로만 한정 짓지 말아야 한다는 것이다. 부모가 아이를 자신의 세계에 가둬 두려고 한다면, 아이는 부모의 그릇만큼 밖에 자라지 못한다. 부모가 아무리 경험이 많고 뛰어나다고 해도 그것은 부모가 이룩한 세계일 뿐이다. 부모는 아이가 자라나는 환경을 개선해 주고, 멘토가 되어 줌으로써 제 역할을 다할 수 있다. 부모가 해주는 역할보다 무리한 요구를 아이에게 강요한다면, 그것은 진정한 가르침이 아니라 참견이 될 수 있다. 아이도 능동적으로 결정하고 살아가는 자기 삶의 주체임을 잊고 부모에게만 의존하게 된다.

부모가 할 수 있는 최대 범주를 넘어선 행동을 자녀에게 요구하는 것은 자녀를 수동적인 인간으로 만들 위험이 있다. 아이는 그들 나름의 세계를 살아갈 권리가 있다. 그것은 부모라고 해도 막을 수 없는 부분이다. 우리 부부는 아이들에게 되도록 당당하고 떳떳하게 살라고 조언한다. 스스로를 존귀하게 여길 줄 아는 사람이 남도 존중할 수 있는 법이다.

　　　　　　　　　　　　　　　　전경일 이민경 부부의 자녀교육 레시피

부모는 아이에게 나처럼 살지 말라고 하거나 특정한 누구를 지칭하면서 그 사람처럼 살지 말라고 한다. 이런 말은 오히려 그렇게 살라는 말과 다를 바 없다. 특정한 사람을 꼬집어 말하지 말고, 필요할 때마다 아이에게 삶의 방향을 제시하는 메시지를 전달해 주도록 하자. 아이는 결코 부모의 편이 아니다. 그들은 그들 자신의 편일 뿐이다.

남편이 대학 교수인 한 아이의 엄마가 "우리 애들은 공부나 하는 행동이 제 아빠만큼만 되었으면 좋겠다."고 말하는 걸 듣게 되었다. 그 말을 듣고 우리 부부는 순간 혼란스러웠다. 제 아빠와 비교하는 일면에 일견 공감하는 바가 있다고 해도 내심 저러면 아이가 더 엇나가려고 할 텐데 하는 걱정이 앞섰다.

아이와 부모가 서로 공감한다는 것은 아이와 부모를 동일시하는 것을 뜻하지 않는다. 아이의 세계를 존중해 주고, 부모의 뜻과 다를 때는 적극적으로 조언하며, 인도해 주려는 자세가 필요하다. 부모의 편견이 아이의 인생을 망쳤다면 훗날 누구를 탓해야 하는가?

부모에게 아이를 키우는 과정은 한 인간으로서 성찰하고 성숙해가는 과정이며, 자신을 완성해 나가는 과정이기도 하다. 이런 자기 수련의 과정에는 스스로 깨닫는 삶의 자세가 요구된다. 부모 스스로 깨닫지 못한다면, 아이에게는 정신적으로 의지하고,

따르며, 함께 할 동반자가 없어진다. 그러니 부모다움을 스스로 터득하기 위해서라도 우리는 아이를 하나의 인격체로 대해야 한다. 눈에 차지 않고 아직은 미숙한 부분이 엿보여도 입을 다물고 조용히 기다릴 줄도 알아야 한다. 그런 부모를 보면서 아이의 내면에는 점차 성숙함이 자연스럽게 생겨나게 될 테니까 말이다.

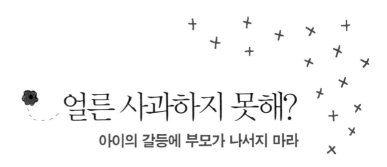

얼른 사과하지 못해?
아이의 갈등에 부모가 나서지 마라

"이건 언니인 네가 잘못한 거야. 얼른 동생한테 사과해."

"언니에게 대들다니, 얼른 사과하거라."

종종 아이들과 얘기하다가 느끼는 건데, 부지불식간에 아이들 사이에서 판사 역할을 할 때가 많다. 아이들 앞에서 무엇은 옳고, 무엇은 그르다는 식으로 결정을 내리고 있는 것이다. 모든 것을 다 아는 양 판사의 입장이 돼서 아이들 앞에 선다. 그럴 때마다 아이들의 얼굴에는 서로 자기가 변호받고 싶어 하는 기색이 역력하다. 이런 나를 발견할 때마다 놀라서 주춤 물러서지 않을 수 없다.

부모라고 내게 그럴 만한 자격이 있는지 묻게 된다. 내가 어렸을 때보다 지금 아이들이 훨씬 더 영특하고 사리분별이 있다. 그런데도 내가 자랄 때를 염두에 두고 아이들의 현 상태를 너무 낮춰 보는 건 아닌지 모르겠다.

내 성장기를 돌아보면, 내가 지금 아이들에게 이것은 옳고, 저것은 그르다고 말할 수 있는 처지인지 묻게 된다. 십대 무렵의 아이는 아직 어른만큼 훈련된 것은 아닐지라도 그들 나름의 판단력이 있으므로 그것을 존중해 주어야 한다. 흔히 부모는 아이 문제에 판사 자격으로 개입하곤 한다. 그렇게 되면 아이가 가진 문제의 본질은 약화되고, 대화는 훈계조로 흐르기 일쑤다. 아이는 나이가 어린 것이지 모든 면에서 분별력이 없는 것이 아니다. 아직도 자녀를 어린아이로 보는 건 부모만의 착각이다.

나이가 많다는 것은 아이보다는 덜 속고, 현명한 판단을 더 자주 내린다는 것이지 그 이상은 아니다. 누구도 속임수를 다 알아낼 만큼 그리 현명하지 못하다. 우리는 오르락내리락하는 물가와 주가, 주택 가격 등을 제대로 예측하지 못해 늘 손실을 보곤 한다. 거짓 정보에 투자금을 날려 버리기도 하고, 적절치 못한 시점에 매매 주문을 내기도 한다. 또 잘못된 계산법으로 세금을 더 내고도 그것이 잘못된 것인지 모르거나 심지어는 덜 냈다고 좋아한다. 이렇게 불완전한 사람이 어른이자 부모다.

그런 우리가 부모가 되었다고 아이에게 현명한 판결을 내리는 것은 온당치 못하다. 그것은 부모의 분별력 없는 행동으로 아이의 분별력까지 없애 버리는 것이다. 아이 스스로 판단할 수 있는 소중한 기회를 놓쳐 버리면 가장 훌륭한 벤치마크 대상도 잃게 된다. 물론 아이 스스로 내린 판단이 틀렸을 수도 있다. 그렇다고 그 잘못된 판단이 치명적인 결과를 가져오는 것도 아니지 않은가. 오히려 어른이 돼서 하는 잘못된 판단이 더 큰 문제를 일으킨다. 미리 충분하게 예행연습을 함으로써 아이는 많은 것을 배우게 될 것이다.

문제가 아이에게 있다고 생각한다면, 시각을 달리 할 필요가 있다. 이때도 아이에게 문제가 있는 것이 아니라 아이를 둘러싼 환경이 문제다. 아이를 둘러싼 환경에서 아이와 가장 가까이에 있는 사람이 누구인가? 바로 부모다. 부모로서 우리는 아이에게 어떤 환경을 제공하고 있는지 계속 점검해 봐야 한다.

![놀이학교 4](부모와 아이가 행복해지는 놀이학교 4) # 창의력을 키워 주는
재료활용놀이 다섯 가지

주변의 다양한 사물을 이용한 놀이는 아이에게 사소한 물건도 각자 쓰임이 있음을 알려 주는 소중한 기회가 될 것이다. 또 창의력도 길러 주기에 아이에게 교육적인 효과도 줄 수 있다.

1 | 흙과 막대를 이용한 깃대 쓰러뜨리기

깃대 쓰러뜨리기는 야외에서 할 수 있다. 아이와 함께 흙을 모으는 것부터 시작해 보자. 흙을 모아 다져서 높은 산을 만든 다음 꼭대기에 나뭇가지를 꽂는다. 그런 다음 아빠와 아이가 한번씩 흙을 가져가고 그 깃대를 쓰러뜨리는 사람이 지는 놀이다. 흙을 가져올 때마다 조마조마했던 그 어린 시절이 그립다.

▲ 민첩성과 소근육 발달에 좋다.

2 | 동그란 구슬로 하나가 된다~ 구슬치기

구슬치기는 장애물이 없는 곳이 좋다. 그리고 실내에서 놀이를 할 때는 사방이 막혀 있는 곳에서 한다. 아빠와 아이가 구슬 여러 개 중에서 자신의 엄지손가락 구슬을 정하고 나머지 구슬을 삼각형 안에 넣은 다음, 엄지손가락 구슬을 굴려 삼각형 안에 있는 구슬

전경일 이민경 부부의 자녀교육 레시피

을 맞춘다. 이때, 삼각형 밖으로 나온 구슬은 가져올 수 있어 아이는 놀이에 집중하려고 애쓸 것이다.

▲ 조정력과 집중력, 눈과 손의 협응력을 키워 줄 수 있다.

3 | 으라차차! 뒤집혀라~ 딱지치기

두꺼운 종이를 접고, 또 접고, 손으로 눌러 모양을 바로잡아 만든 딱지. 내 보물 1호는 항상 딱지였다. 도톰한 딱지를 손 안에 넣으면 나도 모르게 불끈 힘이 솟고 부자가 된 느낌이었다. 넓은 공간에서 아이와 아빠가 서로의 딱지를 가져오려고 열심히 내리치는 모습을 상상하는 것만으로도 즐겁지 않은가?

▲ 대근육과 소근육 발달, 집중력에 좋다.

4 | 땅 위에 그은 놀이판 위를 자유롭게 뛰노는 사방치기

넓은 땅 위에 커다란 네모를 그린 후 그 사이를 다시 가로, 세로로 나누고, 커다란 대각선을 두 개 그려 본 경험이 있을 것이다. 그 안에 숫자만 써 넣으면 놀이판 완성! 놀이

판만 그려도 신났던 어린 시절을 아이에게 들려주자. 그리고 온몸으로 즐기는 놀이방법까지 설명하는 아빠를 어떤 아이가 좋아하지 않을 수 있을까?

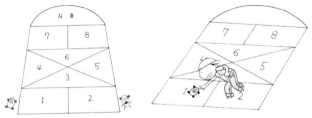

▲ 평형 감각, 순발력, 집중력, 대근육 발달, 규칙 이해에 좋다.

5 | 작은 돌멩이 하나로 땅을 넓혀 가는 땅따먹기

좁은 땅 때문에 우리 민족의 한(恨)은 놀이까지 이어졌나 보다. 어렸을 적 땅따먹기하던 기억은 항상 치열했던 것 같기 때문이다. 내 작은 손 한 뼘으로 땅이 조금씩 넓어졌을 때 우리 부모님께 선물해 드려야지 하는 기특한 생각도 했던 것 같다. 그런데 요즘은 땅따먹기를 하고 싶어도 흙이 있는 땅을 찾으려면 학교나 가야 가능하다. 땅따먹기는 선을 긋고 반원을 그려 땅을 만든 다음 가위바위보로 순서를 정하고 말을 자신의 땅 안에 놓는다. 그런 다음 반원 모양의 내 땅 밖으로 한 번, 두 번 말을 튕기면 말이 지나간 곳을 따라 선을 긋고 다시 세 번째는 자기 땅 안으로 되돌아가는 것을 반복하면서 땅을 넓히는 놀이다.

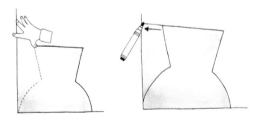

▲ 소근육 발달은 물론 힘 조절 능력과 수 개념과 공간 개념을 배울 수 있다.

전경일 이민경 부부의 자녀교육 레시피

아이를 리더로 키우는 것은 부모다

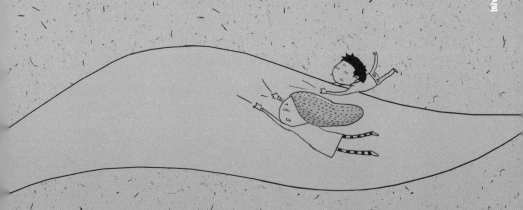

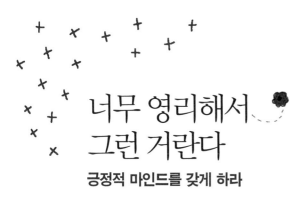

너무 영리해서 그런 거란다

긍정적 마인드를 갖게 하라

세계 최정상급 선수가 처음 운동을 시작했을 때 가장 큰 힘이 된 것은 다름 아닌 부모의 뒷받침이었다고 한다. 부모의 전폭적인 격려가 없었다면 결코 그들은 정상에 다다르지 못했을 것이다.

세계적 경영자로 손꼽히는 잭 웰치는 어렸을 때 말을 더듬었는데, 그때마다 그의 어머니는 "너는 생각이 너무 빨라서 혀가 미처 따라가지 못하는 것뿐이야. 너무 영리해서 그런 거니 걱정하지 마렴." 하고 말했다고 한다. 어머니의 칭찬은 그에게 자신감을 갖도록 만들어 주었다.

또 영국의 대처 수상은 어렸을 때부터 아버지가 어른들이 정치토론하는 자리에 데리고 다녔는데, 그 때문에 그녀는 현실적

전경일 이민경 부부의 자녀교육 레시피

사회 문제에 일찍 눈을 뜰 수 있었다. 아버지의 사소한 행동이 그녀의 인생은 물론 한 나라의 역사까지 바꿔 놓은 것이다.

이런 일련의 사례는 긍정적 사고를 유발하는 교육환경이 아이 자신에게는 물론 미래의 삶에 어떤 큰 영향을 미치는지 잘 보여 준다. 대체로 나는 어떤 일이 발생하면 긍정적 대안을 제시하기보다는 아이를 걱정하는 노파심에서 생각이 자꾸 부정적으로 흐르는 경향이 있다. 이런 문제를 스스로 충분히 잘 인지하고 있으면서 쉽게 고치지 못한다. 이 점은 늘 내가 반성해야 할 부분이다.

"그렇게 밥을 안 먹다가는 성장이 멈춰 버릴 거다."

나의 이런 부정적인 주문에도 우리 집 큰 아이의 키는 또래 애들과 비교했을 때 중간 정도는 된다. 그때 부정적인 말 대신에 "규칙적으로 식사하면 네 성장에도 도움이 되니 많이 먹는 게 좋아. 살찌는 게 걱정이면 열심히 운동하면 되지."라고 말해 줬더라면 얼마나 좋았을까?

부모는 아이에게 말하는 법부터 새로 배워야 한다. 말로 상처를 주는 사람들은 항상 가장 가까이에 있는 사람들이다. 사이가 너무 가깝다 보니 내뱉는 말에 크게 신경 쓰지 않기 때문이다. 아이를 위한다는 미명 아래 무심코 내뱉은 부정적인 말은 오히려 아이에게 독이 되는 법이다. 부모는 말이 가져올 엄청난 파장을 늘 염두에 두고 있어야 한다.

　　아이를 키울 때 항상 염두해야 할 것 중의 하나는 칭찬할 거리를 늘 생활 속에 마련해 두어야 한다는 것이다. 동기부여는 직장 내에서만 필요한 게 아니다. 오히려 가정 내에서 아이를 키울 때 더 필요하다. 훌륭한 아이를 키우는 최고의 방법은 아이가 항상 긍정적으로 사고할 수 있도록 환경을 만들어 주는 것이다.

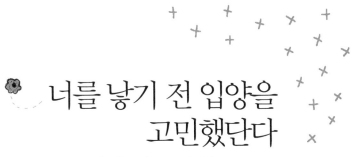

너를 낳기 전 입양을 고민했단다

따뜻한 마음이라는 재산을 늘려 줘라

아이에게 부모가 봉사활동에 참여하는 모습을 보여 주는 것은 일종의 산교육이 될 수 있다. 바쁘게 돌아가는 세상에서 잠시 벗어나 나눔을 실천하는 부모를 보며 아이는 남과 함께 나누는 게 어떤 의미인지 스스로 깨닫게 된다. 보고 싶지 않아도 세상의 온갖 추악한 면을 앞으로도 많이 보게 될 텐데 굳이 부모까지 그런 모습을 보여 줄 필요가 있을까? 아이가 세상을 따뜻한 시각으로 바라볼 수 있도록 해줘라. 남을 생각하는 부모의 따뜻한 마음씨를 보면서 아이도 자연스럽게 그런 마음씨를 갖게 될 것이다.

따뜻한 마음씨란 특별한 노력을 기울여야 얻을 수 있는 게 아니다. 내게 있는 것들을 다른 사람과 함께 나누고, 그들을 측은하게 여기고 도와줌으로써 자연스럽게 생겨나는 것이다. 자신이 본래 지니고 있었던 품성을 지키고, 주위에 있는 사람들을 돌보면서 마음속에서 따뜻한 마음이 점점 자라난다. 생활 속에서 쑥쑥 자라는 이런 따뜻한 마음씨가 쌓여 아이의 인성을 만들고, 가치관을 형성해 주는 것이다. 오늘날에는 융통성 없고 고리타분한 사람을 빗대는 의미로 더 많이 사용되는 정직, 책임, 관용 등의 가치는 실은 일상적 노력 속에서 얻을 수 있는 귀중한 교훈들이다.

어느 날 갑자기 얻는 깨달음보다 물이 스미듯 서서히 몸에 배는 이런 덕목들이 아이를 훌륭한 어른으로 키워 주는 것이다. 내가 유네스코에서 주관하는 전 세계 시각장애인돕기모금에 500달러를 송금했을 때, 그것을 본 딸아이는 적잖이 놀랐다. 우리 부부는 미국에서 유학할 당시 신문에 난 르완다 고아 기사를 보고 입양을 진지하게 고민했었는데, 그 얘기를 큰 아이에게 해준 적이 있다. 그랬더니 아이는 입양을 더는 특이한 것으로 받아들이지 않았다. 물론 부모를 바라보는 시선도 달라졌고 말이다.

아이가 남을 배려하고 사랑할 줄 아는 따뜻한 마음씨를 지닌 어른으로 자라기를 원한다면, 부모가 먼저 그런 사람이 되면 된다. 예나 지금이나 부모는 아이의 거울이다. 그 거울은 지금 어떠한가? 반짝이고 있는지 돌아봐야 할 것이다.

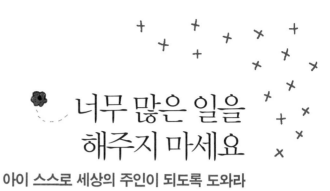

너무 많은 일을
해주지 마세요
아이 스스로 세상의 주인이 되도록 도와라

임상심리학자인 커크 펠스먼은 아이에게 주는 보상과 관련하여 이렇게 말한다.

요즘 어른들은 아이 대신에 너무 많은 일을 해줍니다. 그렇게 되면 아이는 제 능력을 발휘할 기회를 놓치게 되지요. 아이에게 자신이 가족의 중요한 구성원이며, 가족을 위해 아주 많은 일을 해줄 수 있다는 자신감을 길러 주어야 합니다. 당연히 일을 한 뒤에는 보상과 칭찬이 따라야겠지요. 단, 제 할 일을 잘했을 때만 보상이나 칭찬을 해줘야 합니다.

예전에 강남에 사는 마마보이들 얘기를 듣고는 격세지감과 함께 어떻게 그럴 수 있는지 의아함을 동시에 느낀 적이 있다. 어려서도 학교 숙제를 부모가 도맡아 해주더니 결국 대학생인 아이의 수강신청과 학점관리까지도 부모가 대신 해준다는 것이다. 실제로 명문대에 다니는 학생 중 일부는 해외유학을 갈 수 있도록 학점관리를 부모가 직접 해주기도 한다는 말을 들었다.

　　그것만이 아니다. 얼마 전에는 자기 집 아이를 왕따시켰다고 부모가 반 전체 아이를 고소하겠다고 했단다. 왕따가 사회적 문

전경일 이민경 부부의 자녀교육 레시피

제이기는 하나, 그것을 풀어 나가는 방식이 너무 지나치다는 생각이 들었다.

왜 아이를 이렇게 무기력하게 키우는 것일까? 제 일조차 스스로 처리하지 못하는 아이가 어떻게 앞으로 험난한 세상을 살아가고, 자신의 운명을 스스로 개척한다는 말인가? 동화 속 주인공 피터 팬처럼 어른이 되고 싶어 하지 않는, 가족과 사회적 책임을 회피하는 어른아이는 만들어서 뭐할 것인가? '피터팬 증후군'이 있는 아이들에게는 공통점이 하나 있는데, 아이의 뒤를 졸졸 따라다니면 모든 것을 다 해주는 부모가 바로 그것이다. 매번 부모가 뒤에서 아이가 가야 할 길을 알려 주고 있기에 결국 아이 스스로 아무 것도 못하고 마는 것이다.

부모가 자꾸 사소한 일에서조차 아이의 결정에 끼어들거나 브레이크를 건다면, 아이는 눈 뜬 장님이 될 수밖에 없다. 이런 태도는 아이의 인생을 망치는 지름길이다. 그런데도 부모는 왜 아이를 과보호 속에 두고 싶어 하는지 모르겠다. 혹시 아이에게 소외 당할까봐 두려워서인가.

아무리 공부를 잘해 좋은 대학교에 가고, 회사에 들어가도 이렇게 자란 아이가 사회 전반의 가치를 골고루 수렴하고 이행하는 진정한 리더가 될 수 있을까? 나이에 맞게 생각이 바르게 자란 사람들이 많아질 때 우리 사회의 성숙도는 높아진다. 부모는 조금은 자유방임적으로 아이를 키울 필요가 있다. 나는 지금도 학과목 신청을 대신해 주고, 자기 아이를 왕따시킨 아이들을 고소한 부모를 이해할 수 없다. 아이가 당한 것과 똑같이 해주고 싶었다는 주장에 그저 말문이 막힌다. 부모가 부모답지 않고서는 아이를 반듯하게 키울 수 없다. 부모다움은 돈과 허세로 치장해서 만들 수 있는 게 아니다.

아직은 미성숙하지만, 아이도 엄연한 하나의 인격체다. 그들이 제대로 된 인격체로 성장할 수 있게 하려면 그들에게 독립심을 심어 주도록 한다.

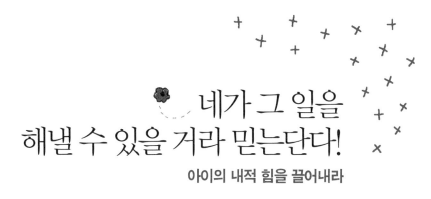

네가 그 일을
해낼 수 있을 거라 믿는단다!
아이의 내적 힘을 끌어내라

"그 애는 항상 미소를 잃지 않아요. 자기 자신한테 자신감이
있는 것 같고, 다른 아이들도 기분 좋게 해줘요."

초등학교 반회장 선거에서 낙선한 딸아이를 위로해 주다 어
떤 아이가 당선되었는지 자연스럽게 듣게 되었다. 앞의 말은 딸
아이가 당선된 친구의 장점을 묘사한 말이다. 아이의 그 말에 나
는 고개를 끄덕였다. 그리고 친구의 장점을 배워 아이도 그런 사
람이 되었으면 좋겠다고 말했다. 더불어 딸아이한테 그런 장점이
없어서 회장이 못된 것이 아니며, 그때는 당선된 아이의 장점이
눈에 더 띄었기 때문이라고 말해 주었다. 아이는 내가 말하려는

바를 금방 파악했으며, 내 의도보다 훨씬 더 깊게 이해했다. 나는 이런 점에서 딸아이에게 무한한 가능성을 본다.

아이가 상처를 핥으며 훌쩍거리기보다는 훌훌 털고 다시 마음을 가담는 모습을 볼 때 어느 부모인들 마음속에 사랑과 애정이 샘솟지 않겠는가?

존 앤더슨은 「자녀를 지도자로 키우려면」에서 어떤 아이는 태어날 때부터 지도자의 자질을 타고난다고 주장한다. 그가 말하는 지도자의 자질을 타고난 아이의 특징은 이렇다.

장차 지도자가 될 아이는 대개 자신감에 차 있고, 어른들과 친구들을 다 같이 존경심을 갖고 대하고, 장난감을 친구들과 같이 가지고 놀고, 성격이 쾌활하고, 모든 일에 앞장서며, 호기심을 보인다. 그 아이는 항상 무슨 일이든 먼저 시작하며, 다른 아이들은 그가 하는 것을 보고 따라한다. 그리고 무엇보다도 그는 무슨 일에나 정열적으로 임하는데, 그 정열은 다른 아이들에게까지 전염되는 성질이 있다.

나는 아이에게 있는 지도자 자질은 타고난다기보다 개발되는 영역이라고 본다. 이런 자질은 앞으로 얼마든지 개발해 줄 수 있다. 그러기에 부모의 역할은 그만큼 중요하다.

아이를 세심하게 돌보는 부모는 지도자의 정신적 자질, 즉 굳센 마음가짐과 독자적인 사고방식을 의식적으로 키워 준다. 그래서 그가 지도적 위치에 오르게 되는 것이다. 부모의 교육으로 길러지는 지도자의 정신적 자질은 당장 학교뿐 아니라 사회에서도 큰 효과를 발휘할 수 있다.

앤더슨의 지적은 부모로서 많은 생각을 하게 한다. 결국 지도자의 자질은 부모의 세심한 관찰과 동기부여에서 생겨남을 알아야 한다. 남보다 앞서 나가게 하려고 학교나 학원으로 끌고 다니거나 어른이 감당하기에도 버거운 분량의 과제를 내준다고 해서 아이가 두각을 드러내는 것이 아니다. 아이가 그 일을 해낼 수 있을 거라는 믿음을 주고, 용기를 북돋아 주고, 성원을 보내는 것이 부모가 해야 할 일이다. 그런 부모는 이미 아이를 리더로 만든 것과 다름없다.

방학을 이용해 큰 아이는 리더십 훈련 캠프에 다녀왔다. 3주 남짓 훈련을 받은 효과 탓인지 아이의 사고가 예전보다 더 진취적으로 바뀐 것 같다. 부모 곁을 떠난 기간 동안 정신적으로도 부쩍 성장했음을 한눈에 알 수 있었다.

그런 딸아이가 집으로 돌아와 한 말이 있는데, 캠프에 참가한 아이들이 하나같이 리더가 되고 싶어 하더라는 것이다. 그 말이 참 인상적이었다. 그 아이들의 적극적인 자세가 스스로 동기 부여가 돼서 그럴 수도 있지만, 부모에게서 받은 영향도 없지 않을 것이다.

어느 부모가 아이를 리더가 아닌 팔로우어로 키우고 싶겠는가? 아이의 얘기를 듣고 나는 집에서도 리더십을 훈련시킬 수 있는 방법이 없을지 궁리해 보았다. 훈련을 함으로써 세상을 좀 더 슬기롭게 살아갈 수 있다면, 부모로서 할 수 있는 것은 다 해주고 싶다.

3R이라는 원칙이 있는데, 존경심(Respect)과 책임감(Responsibility), 임기응변의 재주(Resourcefulness)가 바로 그것이다. 이것은 아이가 세상을 살아가는 데 필수 덕목이 될 것이다. 물론 지도자의 자질과도 연관된다.

우선, 존경심은 기존 규칙을 잘 이해하며, 지키려고 노력하는 데서 출발한다. 사람들에게서 존경을 받으려면 먼저 타인을 존중하는 자세부터 지녀야 한다. 나는 아이에게 이 점을 먼저 강조해 주었다.

다음 책임감은 자신의 행동이 낳은 결과를 회피하지 않고 겸허하게 받아들일 줄 아는 자세에서 나온다. 아이를 책임감 있는 사람으로 키운다면 리더십 자질은 자연스럽게 갖춰질 것이다.

마지막으로 임기응변의 재주는 역경이나 실패에 부딪혀 여러 번 깨지고 다시 일어나는 과정에서 생기는 것이다. 끊임없이 노력하고 새로운 방안을 강구할 줄 아는 사람만이 얻을 수 있는 재주다.

　　이 세 가지 원칙을 부모인 내가 만들어 주는 것이 아니라 딸아이 스스로 터득하도록 해주고 싶다. 리더가 되고 안 되고는 나중 문제다. 어려서부터 이런 마음가짐을 가진 아이와 그렇지 않은 아이는 벌써 태도에서 차이가 난다.

　　아이의 내면은 순수한 물의 상태와 같다. 향긋한 것을 넣으면 향긋한 맛이 나고, 썩은 것을 넣으면 썩은 맛이 나는 것처럼 아이의 마음에 무엇을 넣어 주느냐에 따라 인격이 결정된다. 아이를 키우는 것은 손이 무척 많이 가는 꽃을 가꾸는 것과 같다. 아이에게 얼마큼 사랑과 관심을 쏟느냐에 따라 아이의 미래 모습이 달라진다.

　　진정한 지도자란 앞에서 다른 사람을 이끄는 사람이 아니다. 다른 사람과 함께 나눌 줄 아는 사람이다. 어려서부터 이런 자질을 길러 온 아이는 살면서 어떤 어려움과 위기가 닥쳐도 거뜬히 이겨 낼 수 있는 강한 힘이 있다.

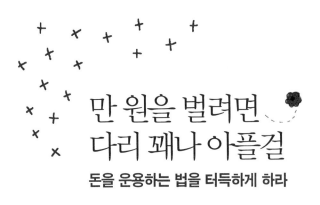

만 원을 벌려면
다리 꽤나 아플걸
돈을 운용하는 법을 터득하게 하라

큰 딸아이가 아르바이트를 하겠다고 해서 기꺼이 승낙했다. 1장에 10원씩 받고 아파트 맨 위층부터 아래층까지 전단지를 현관문에 붙이는 일이었다. 아이는 10집이면 100원, 100집이면 1,000원, 1,000집이면 10,000원을 번다고 계산해 보더니 눈이 휘둥그레져 금방이라도 시퍼런 10,000원권을 손에 쥘 것처럼 기뻐했다. 나는 '10,000원을 벌려면 다리 꽤나 아플 텐데' 하는 생각이 들었지만 그 말을 입 밖으로 꺼내지 않고 그저 아이를 응원했다.

아이는 우리 집 현관문부터 전단지를 붙이기 시작했다. 나는 중간에 한번씩 전단지를 가지러 아파트 맨 아래층으로 내려가는

전경일 이민경 부부의 자녀교육 레시피

아이의 뒷모습을 그저 멀찍이서 지켜보았다. 처음에는 신이 나서 빠른 속도로 전단지를 붙이던 아이가 채 세 시간을 넘기지 못하고 그만 털썩 주저앉았다. 집에 돌아온 아이 손에는 3,200원이 들려져 있었다.

그날 이후로 나는 아이에게 돈벌이가 얼마나 어려운지 구구절절 설명할 필요가 없어졌다. 당연히 부모에게서 받는 용돈의 귀중함도 알게 되었을 터였다. 그 일로 아이는 돈으로는 살 수 없는 귀중한 체험을 하게 된 셈이다. 아이에게 독립심을 길러 주려면 스스로 일하고, 경쟁하고, 성취하는 방법을 가르쳐 주면 된다.

아이가 용돈 외에 다른 것을 요구할 때, 대가 없이는 그것을 주어서는 안 된다는 게 내 생각이다. 어려서부터 돈의 귀중함을 아는 아이가 커서도 돈을 잘 관리하는 법이다. 돈이 있든 없든 예산 외의 지출을 아이가 요구할 때는 돈을 벌기가 얼마나 어려운지 설명한 뒤 아이 스스로 돈을 마련할 수 있는 방법을 알려 주는 게 더 낫다. 품 안의 자식으로만 키우다 보면, 나중엔 캥거루 새끼처럼 부모의 주머니 밖으로 절대 나가지 않으려 할 것이다.

아주 짧은 아르바이트 경험이었지만, 이 일로 아이는 돈을 짜임새 있게 쓰는 방법을 배웠으리라 믿는다. 이 정도면 오후 한나절의 공부로는 적잖은 수확을 거둔 셈이다.

아이가 새로운 일을 시작할 때 부모는 어떤 자세를 취해야 할까? 힘들어 하는 아이를 보면 도와주고 싶은 마음이 굴뚝 같겠지만, 그것은 아이를 생각해서라도 좋은 방법이 아니다. 아이가 맡은 일을 해내는 데 도움이 될 만한 조언은 해주되, 부모가 직접 나서거나 내가 하는 게 더 낫겠다는 식의 반응을 보여선 안 된다. 자칫하다간 오히려 아예 하지 않은 것만 못할 수 있다.

딸아이의 아르바이트를 그냥 지켜보기만 한 것은 아이 스스로 돈의 소중함을 깨닫게 하기 위해서였다. 작은 일부터 경험을 쌓고 지금 자신이 하는 일에서 보람을 찾게 한다면, 아이는 장차 큰 일도 경영해 나갈 수 있을 것이다. 그리고 자녀교육에서도 어느 정도 성공한 셈이 된다.

우리 부부는 딸아이에게 용돈을 주면서 용돈기입장을 쓰도록 유도했다. 처음에는 용돈을 받으려고 아이 스스로 지출이 있을 때마다 꼬박꼬박 기입하더니 나중에는 아예 신경 쓰지 않았다. 부모나 애들이나 처음의 취지를 금세 잊어버린 것이다. 계속해서 아이가 하도록 하는 것은 사실 말처럼 쉽지 않다. 그만큼

부모도 신경 써야 할 부분이 많아지기 때문이다.

용돈기입장 쓰는 일은 결국 흐지부지됐지만, 대신 돈의 중요성은 계속해서 아이들한테 가르친다. 돈과 따로 떼어 놓을 수 없는 게 생활인지라 부모가 땀 흘려 일하고, 그것의 대가로 가정이 운영됨을 가르치는 것은 부모의 노고를 아이에게 알려 줄 수 있는 가장 적절한 교육 방법이다. 부모를 이해할 수 있을 때 아이도 그만큼 철이 든다. 덤으로 경제적 지식도 얻게 된다. 그렇다고 너무 돈에 연연해 하는 모습도 아이 교육에 좋지 않다. 그런 모습은 오히려 돈이 삶의 최고 가치인 양 그릇된 인식을 아이에게 심어 줄 수 있다.

「자녀와 돈」의 저자인 그레이스 외인스타인은 이렇게 말한다.

돈 문제에서 자녀에게 가정 형편이 어떻다는 것을 솔직히 이야기해 주지 않으면 자녀는 최악의 상황을 상상하게 된다. 가령, 풍족하게 쓰던 것을 조금 부족하게 쓰면 되는 상황임에도 가정 형편이 쪼들린다고 생각하여 당장 먹고살 게 없어 거리로 나앉게 되는 것으로 상상할 수 있다는 얘기다.

아이는 아직 현실감이 부족하여 어떤 일이 벌어지면 최악의 상황을 먼저 머릿속에 떠올린다. 돈의 중요함은 깨닫게 하되, 아이가 상상하는 것만큼 최악의 상황은 벌어지지 않을 거라는 믿음을 심어 주어야 한다. 아이는 항상 부모의 보호를 원한다. 일탈을 하거나 반항을 하는 순간에도 말이다. 부모는 아이에게 아무리 어려운 상황이 닥쳐도 너를 보호할 거라는 확신을 주어야 한다. 그것이 부모의 역할이다.

용돈은 용돈 그 이상의 의미를 지닌다. 그것은 아이에게 돈을 계획적으로 쓰는 경험을 쌓게 해주는 것이다. 수입과 지출의 균형을 맞추는 방법과 돈을 효율적으로 운용하는 방법, 절약과 저축의 개념 등을 효율적으로 알려 줄 수 있는 수단이 된다.

아이가 커서도 돈을 계획적으로 운용하지 못하거나 여전히 부모에게 의존하고 있다면 그건 다 부모 탓이다. 요즘 부모는 옛날 부모와 달리 자녀에게 노후를 맡기지 않는다. 적당한 시기가 되면 아이가 경제적으로 독립하기를 원한다. 이런 아이로 키우고 싶다면 어려서부터 확실하게 경제 개념을 심어 주자.

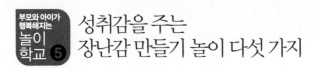

성취감을 주는
장난감 만들기 놀이 다섯 가지

놀잇감을 직접 만들다 보면 아이는 성취감을 느끼고 창의력은 향상된다. 놀잇감을 따로 구입하지 말고 시간적 여유가 된다면 아이와 함께 만드는 즐거움까지 느껴 보는 것도 좋을 것이다.

1 | 직접 만들어서 하면 더 재미난 팽이돌리기

겨울철 얼음 빙판 위에서 신나게 돌아가던 팽이를 떠올리면 아직도 그 추운 겨울날이 그렇게 따뜻하게 느껴질 수 없다. 작고 야무진 팽이가 자기 역할이라도 하는 듯 돌아가는 팽이를 우리 아이와 함께 즐겨보자.

▲ 과학적 호기심을 유발할 수 있다.

2 | 누가누가 많이 차나? 제기차기

양 끝을 기다랗게 자른 한지 가운데에 동그란 쇠붙이를 놓고 돌돌 말아 묶어 놓았던 제기차기는 고대 중국에서 무술을 연마하려고 만든 '축국' 놀이에서 유래되었다는 설이 있으며, 질경이풀이나 우산풀 등 잔뿌리가 많고 잎이 적당하게 달린 풀을 차고 놀았던

전경일 이민경 부부의 자녀교육 레시피

것에서 비롯했다는 설도 있다.

▲ 민첩성과 인내력, 집중력을 키워 줄 수 있다.

3 | 딸아이에게 점수를 받자~ 인형놀이

옛날에는 종이인형이 많았지만, 요즘은 스티커 형태의 아바타인형이 더 많다. 종이인형 본은 인터넷에서 쉽게 구할 수 있기 때문에 젊은 엄마아빠도 쉽게 만들 수 있을 것이다. 좀 더 적극적으로 놀아 주려면 커다란 상자나 책 등을 이용하여 인형극 무대를 만들어 종이인형으로 인형극을 해보자. 최고의 아빠가 될 것이다.

▲ 상상력과 어휘력, 표현력을 길러 줄 수 있다.

4 | 작은 천 조각을 꿰매어 만든 콩주머니놀이

가을운동회가 되면 엄마는 자투리 천을 한 땀 한 땀 꿰매어 알록달록한 주머니 속에 콩을 넣기도 하고, 팥을 넣기도 하고, 쌀이나 모래를 넣기도 하여 콩주머니를 만들어 주셨다. 작은 자투리 천 하나와 그 당시 주변에서 흔히 볼 수 있었던 곡식도 우리에게는 훌륭한 놀잇감이었는데, 요즘 아이들은 어떨까? 오늘, 아이와 함께 콩주머니를 만들어 함께 놀아 보자.

▲ 조정력과 집중력을 키워 준다.

5 | 휘리릭~ 화살을 던져라~ 투호놀이

투호놀이를 하려면 화살과 통이 필요하다. 이것이 없다면 화살 대신 나무젓가락을 테이프로 감아서 사용하고, 통은 쓰레기통을 이용하면 된다. 통을 향해 화살을 던지는 우리 아이에게 파이팅~을 외쳐 보자.

▲ 수의 개념과 집중력을 키워 준다.

전경일 이민경 부부의 자녀교육 레시피

6

아빠가
나서면
아이 인생이
바뀐다

전영인 이야기 육아 전문가 정라미 쌤

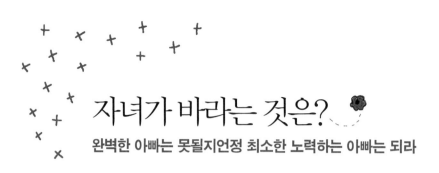

자녀가 바라는 것은?

완벽한 아빠는 못될지언정 최소한 노력하는 아빠는 되라

랠프 키니 베넷은 「자녀가 아빠에게 가장 바라는 것」에서 아빠가 아빠다움을 보일 수 있도록 계속 훈련을 하는 게 왜 중요한지 설명한다. 나는 이 말에 전적으로 공감한다.

"아빠로서의 본능은 때로는 쉽게 나타나기도 하지만, 때로는 본능을 열심히 습득해야 할 때도 있다. 그러나 아빠의 그런 노력하는 모습이 성장하는 자녀에게 미치는 긍정적 효과는 임청나다."

아이가 성장하는 것과 마찬가지로 부모도 당연히 성장해야

전경일 이민경 부부의 자녀교육 레시피

한다. 아이를 양육하고 키우는 일은 서로의 성장을 고무시키는 일이기도 하다.

　가정이란 정원이 더욱 풍요로워지려면 부모와 자녀는 상대의 정원사 역할을 해야 한다. 세상에 완벽한 부모가 어디 있는가? 그런 부모가 있다면 나도 한번 만나고 싶다. 아이도 마찬가지다. 서로의 부족한 부분을 노력으로 채워 줄 때 우리 인생은 더욱더 풍요로울 것이다.

　우리는 부모와 아이가 함께 성장함을 인지할 필요가 있다. 물론 어느 한쪽이 성장을 멈추거나 양쪽이 다 성장을 멈출 위험

은 늘 있다. 중요한 것은 그런 노력을 함께 계속해서 해나간다는 것이다. 그것은 아이가 어른이 되어 부모 품을 떠나도 계속 되어야 한다.

아이와 함께 운동을 하거나, 책을 읽고 토론하며 글을 써 보거나, 사회적 이슈가 되는 문제를 함께 논의하고 해결 방안을 제시하는 일은 모두 그런 노력의 일환이 될 수 있다.

아이 앞에서 부모가 항상 완벽할 필요는 없다. 계속해서 같이 노력하는 모습을 보이는 것만으로도 부모는 아이에게 충분한 모범을 보이고 있는 것이다.

전경일 이민경 부부의 자녀교육 레시피

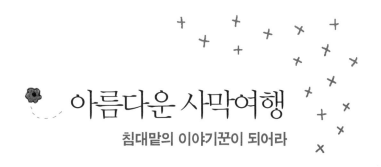

아름다운 사막여행
침대맡의 이야기꾼이 되어라

　맞벌이를 하는 부모를 기다리다 늦게 자는 게 습관이 된 아이들을 위해 아내와 나는 아이디어를 하나 짰다. 무조건 밤 10시가 되면 모두 잠자리에 드는 것이다. 내게는 애들이 잠이 들면 다시 일어나 내 시간을 가지겠다는 계산이 있었다. 특히, 초등학교에 입학한 둘째 아이는 10시 전까지 숙제를 다 끝내야 하니 시간을 알차게 보낼 수 있게 만드는 더할 나위 없이 좋은 방법이었다.

　처음에는 늦게 자는 습관 때문에 잠자리에 누워도 아이들은 눈을 말똥말똥 뜨고 있었다. 그래서 나는 임시방편으로 '황금의 섬'이라는 이야기를 하나 지어내 들려주었다. 그렇게 시작한 이야기가 꼬리에 꼬리를 물고 이어져 어느새 30회가 넘었다. 20여분간 아이들은 내 이야기에 귀를 쫑긋 세우고 듣다가 극적인 부분에서 '다음 회에 계속'이라고 하면 상당히 아쉬워하곤 했다. 그러고는 내일 밤을 기대하며 곧 잠이 들었다.

큰 아이는 그때 내가 지어낸 이야기가 너무 재미있었다며 책으로 써 보라고 종용한다. 그 뒤 아이들의 성화에 못이겨 쓴 책이 바로 '아름다운 사막여행'이다. 이것은 「어린 왕자」를 읽은 딸아이가 마지막에 어린 왕자가 어디로 갔는지 무척 궁금해 하여 그 뒤의 이야기를 써 준 것이다. 나는 우리 집 공주님들에게 이 책을 바친다고 서문에 썼다.

훗날 딸들은 내가 지은 이야기를 그들의 애들에게도 다시 들려줄지 모르겠다. 그러면 나는 아마 죽어서도 행복할 것이다. 그것만으로도 아빠와 함께한 순간을 어제 일처럼 떠올릴 수 있을 것이다. 딸들이 나를 떠올린다는 것만으로도 내가 한 노력들이 무의미하지 않을 테니 말이다.

오늘날의 아빠들은 과거에 비해 더 이야기를 만들어 내야 한다는 의무감에 휩싸인 것처럼 보인다. 캠코더를 들고 놀이터에서, 공원에서, 관광지에서 동영상을 찍는 풍경은 이제 더는 낯설지 않다. 나아가 아이와 함께 만든 동영상이 UCC사이트에 올라오기도 한다. 그만큼 이야기가 있는 생활을 추구하고 삶을 기록하는 작업을 중요하게 생각한다는 말일 것이다. 그렇다고 비디오

전경일 이민경 부부의 자녀교육 레시피

를 다시 꺼내서 보는 것도
아니다. 이야기는 생산해 내지만,
그것을 즐기지는 못하는 것이다. 뭔가가
빠진 느낌이다.

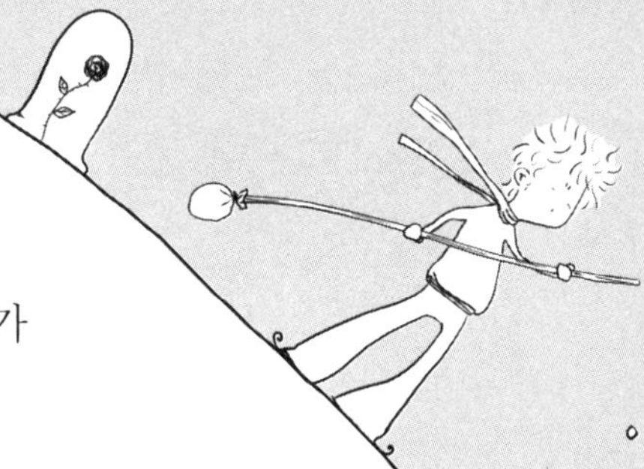

아버지가 살아 계실 때 초췌하게 병실에 누워 계
시던 모습을 휴대전화로 찍어 두었는데, 까맣게 잊어버리
고 있다가 얼마 전 휴대전화에서 발견하였다. 갑자기 가슴이
먹먹해져 휴게실로 가서 한참 동안 창 밖을 바라보았다. 그때의
나처럼 훗날 내 아이들도 애틋한 감정으로 나를 떠올릴까? 부모
로서 나는 아이들과 함께 어떤 내용의 인생 이야기를 기록해야
할까? 여전히 가야 할 길이 멀다.

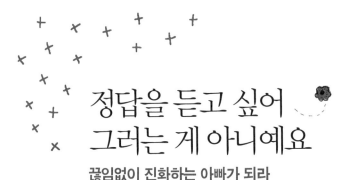

정답을 듣고 싶어
그러는 게 아니예요
끊임없이 진화하는 아빠가 되라

아내와 나 둘 모두 사십대에 접어들어 더는 애를 낳아 기르기 힘들다는 결정을 내리기 전까진 우리 가족의 수가 몇 명이 될지는 알 수 없는 일이었다. 낳는 건 문제가 아니나, 키우는 데 들어가는 공력과 내 능력을 생각하니 감히 엄두가 나지 않았다.

남자라고는 나밖에 없는 집에서 딸들과 이야기하다 보면, 문득문득 성의 차이에서 오는 다른 점을 발견하게 된다. 참 놀랍지 않는가. 어느 날 딸아이와 얘기하던 중 다른 생각을 하느라 건성으로 대답해 버렸다. 진지하게 얘기하던 아이는 갑작스레 정색을 하더니 대뜸 쏘아붙였다.

전경일 이민경 부부의 자녀교육 레시피

"아빠! 내가 이러니까 아빠하고 얘기하고 싶지 않은 거예요!"

뒤늦게 수습하려 했지만 이미 딸아이는 성이 있는 대로 나 있었다. 잡다한 일에, 회사에서 미처 끝내지 못한 업무에 정신을 쏟다 보면 종종 아이들과 대화 중에도 딴 생각을 하게 된다. 그러지 말아야지 하면서도 일에 붙잡힌 생각은 쉽사리 풀려나지 못한다.

시간이 흘러 어느 정도 화가 풀린 아이는 잊지 않고 내게 이렇게 충고한다.

"아빠, 여자애들은 정답을 듣고 싶어서 얘기하는 게 아니예요. 제가 속상해 하면 그냥 '아, 그러니? 음, 그렇겠구나' 하고 대답만 해주시면 돼요. 그게 뭐 어려워요? 남자애들처럼 싸웠더라도 금세 함께 공을 차며 놀 수 있는 것처럼 그렇게 단순하지 않다고요."

고백하자면, 나는 실은 아이들이 하는 말에 그다지 큰 비중을 두지 않았었다. 늘 내 문제가 더 크고 고민스러운 나이, 바야흐로 사십줄에 들어선 아빠가 아닌가. 이런 나의 행동이 혹시 은연중에 아이한테는 사소한 이야기라 신경 쓰지 않는 것처럼 비춰졌던 것은 아니었을까?

내가 의도하지는 않았다고 해도 아이가 자존심에 상처를 받고, 얘기하는 것을 꺼리게 된다면 그건 큰 문제가 아닐 수 없다. 왜 아이들의 입장에서가 아닌 내 입장에서 이야기의 경중을 판단했는지 한번 진지하게 생각해 볼 문제다. 나는 곧바로 딸아이에게 진심으로 사과했다. 그랬으면서도 때로 건망증이 생겼는지 여전히 딸아이의 충고를 잊어버리거나 적절하게 응수하지 못해 상황을 더 악화시키곤 한다. 그럴 때마다 나는 딸아이가 하는 말에 속수무책으로 당할 수밖에 없다.

"이런 아빠가 엄마와 어떻게 결혼했는지 정말 불가사의한 일이에요!"

돌이켜 보면, 나도 그 점이 늘 궁금하다. 왜 여자는 자기보다 못한 남자와 결혼하는지, 왜 그런 남자의 애를 낳고, 온갖 삶의 고충도 마다 않고 견디는지 말이다. 아무래도 이것을 이해하는 건 내 능력 밖인 듯하다. 아빠는 여전히 성장 중에 있으니 조금만 더 인내심을 갖고 지켜봐 달라고 아이들에게 말하고 싶다.

전경일 이민경 부부의 자녀교육 레시피

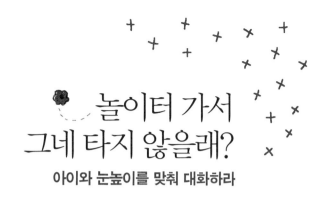

놀이터 가서
그네 타지 않을래?
아이와 눈높이를 맞춰 대화하라

　큰 딸아이가 친구들한테서 왕따를 당한다고 말했을 때, 나는 직감적으로 아이가 도움을 요청하고 있음을 알 수 있었다. 사랑하는 딸이 아빠인 내게 이렇게 호소해 올 정도라면 이는 상황이 아이가 감당하기 벅찰 정도로 심각함을 뜻한다.

　'너는 잘할 수 있다', '그까짓 건 별 거 아냐?', '성장기에는 그런 일도 겪는단다', '너를 왕따 한 애들은 무시해 버려!' 라고 말하고 싶었지만, 그건 별 효과가 없을 듯했다. 오히려 더 역효과가 나거나 아이의 불신만 더 키울 뿐이었다. 대신 아이에게 이렇게 말했다.

"놀이터 가서 같이 그네 타지 않을래?"

아이는 귀찮아 하면서도 울적한 기분을 달래려고 따라나섰다. 좀 귀찮아 하는 아이를 달래서 함께 그네를 타고, 시소를 타고, 철봉에도 매달려 본 뒤 의자에 앉았다. 얼굴을 마주하기보다는 둘 다 눈앞의 풍경을 쳐다보았다.

잠시 후 아이는 독백을 하듯 자연스럽게 자신이 지금 겪고 있는 문제를 말하기 시작했다. 나는 아이가 무안해 하거나 중간에 말을 끊어 버릴까 봐 간혹 추임새만 넣었다. 속에 담아 두었던 말을 모두 쏟아 낸 아이는 울적한 기분에서 벗어났다. 나는 그제서야 아이를 끌어안으며 이렇게 말했다.

"너무 걱정 말아라. 지금까지 넌 잘해 냈잖니. 다 잘될 거야."

그 후 나는 큰 딸아이와 부쩍 가까워졌다. 흔히 부모는 아이에게 있는 문제를 지나치게 걱정한 나머지 직접 개입하여 해결해 주려고 한다. 그러나 그런 방식은 오히려 아이를 더 방어적으로 만들 뿐이다. 같이 분개하여 해결책을 모색하자고 말할 때가 있고, 그냥 아이 옆에 앉아 조용히 얘기를 들어주고 따뜻하게 안아 줘야 할 때가 있는 법이다. 서로 마주 보지 않고 나란히 앉거나

전경일 이민경 부부의 자녀교육 레시피

서서 일상적인 대화를 나누며 내용보다는 대화하는 행동 자체에 더 중점을 두고 이야기하는 것, 이것이 바로 평형대화다. 직접 마주 보고 대화하는 방식보다는 소극적으로 보일 수 있으나 이것은 상담사들이 대화할 때 취하는 방식으로 매우 효과가 있다. 그들은 도중에 절대 상대방의 말을 끊지 않는다. 상대방의 말을 주의 깊게 들으면서 스스로 해결방안을 찾을 수 있게 한다.

본인은 인식하지 못하지만 대부분은 상황에 직접 개입하는 것을 아이에게 관심을 표출하는 하나의 방법이라고 생각한다. 하지만 이것은 오히려 아이가 더 속마음을 얘기할 수 없게 만든다. 충고를 듣는 게 익숙한 환경에서 자라 온 나는 아이들이 잘못을 저질렀을 때는 앞뒤 가리지 않고 충고부터 했다. 그러나 그것은 좋은 방식이 아니다.

나란히 앉으면 아이가 어떤 부분에서 볼을 붉히는지, 언제 작은 어깨를 움찔하는지 더 잘 보인다. 아이의 미세한 움직임까지 잘 볼 수 있다는 말이다. 좀 더딜지라도 때가 될 때까지 기다리는 게 낫지 않을까? 급하게 먹다가는 오히려 체하는 법이다. 화선지에 먹물 들이듯 천천히…….

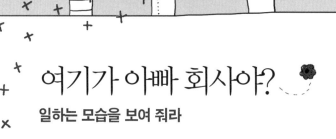

여기가 아빠 회사야?

일하는 모습을 보여 줘라

     오래 전 대기업을 다니다가 나와서 창업을 한 적이 있다. 나름 사업 규모도 커서 자부심과 활력이 넘치던 시기였다. 일에 푹 빠져 지낼 무렵에는 일요일에도 회사에 나가 이것저것 궁리하였다. 가끔 딸아이도 데려갔는데, 내 의자에 앉혀 '네가 CEO다'고 말하면 딸아이는 자못 사장다운 자세를 취하곤 했다. 그 무렵은 CEO라는 용어가 유행한 지 얼마 되지 않을 때라 사장이나 오너보다는 좀 더 신선한 느낌을 주었다. 그래서 그런지 나는 사업을 잘해서 탁월한 경영자가 돼야겠다고 생각했다.

전경일 이민경 부부의 자녀교육 레시피

아빠네 회사

　그러다 이러저러한 이유로 내가 창업한 회사를 떠날 수밖에 없었지만, 그때 찍은 사진을 지금도 딸아이는 간직하고 있다. 10년이 지난 지금 그새 딸아이도 많이 컸고, 나도 회사에 들어갔다 다시 독립해 또 CEO가 되었다. 가끔 딸아이에게 그때의 기억을 물어보면, 아빠의 인생 중 가장 밝고 빛나던 시절이라고 얘기한다.

　내가 처음으로 시작한 사업에서 남은 건 이 사진 한 장밖에 없지만 아이는 그때의 내 모습을 하나의 원형으로 삼아 꿈을 키워 가고 있다. 부모로서 나는 딸아이의 이런 점이 너무 좋다. 꿈을 이루려는 의지가 있는 것만으로도 큰 딸아이는 자기 인생의 주인공으로 살 것임을 나는 믿어 의심치 않는다.

　내 사업을 할 때는 별 어려움 없이 아이를 회사로 데려갈 수 있었는데, 월급쟁이일 때는 아무래도 다른 사람 시선이 신경 쓰여 쉽지가 않았다. 대신 회사 캠프에 데려갔는데, 아이는 10년 전과 똑같이 여기가 아빠 회사냐고 물어보았다. 질문은 똑같으나, 그 뜻은 분명 다를 것이다. 그날 저녁 딸아이는 내게 이렇게 말했다.

"아빠! 캠프 재미있었어요. 아빠 회사 좋던데요."

"즐거웠다니 다행이다. 친구들은 많이 사귀었니?"

"네. 아빠가 마중 나와 주셔서 좋았어요. 더구나 아빠가 열심히 일하셨기 때문에 제가 캠프에 갈 수 있었던 거라고 생각하니 더 좋았고요."

갑자기 철이 든 것 같아 나는 아이를 꼭 껴안아 주고 싶었다. 내 수고스러움을 아이가 알아주는 것만 같아서 말이다. 아이의 위로는 왜 이렇게 큰 힘이 되는 것일까. 부모가 받을 수 있는 보상이 이것뿐이라고 해도 나는 지금 너무 행복하다.

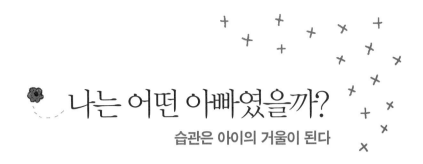

나는 어떤 아빠였을까?
습관은 아이의 거울이 된다

　어느 날 우리 동네 놀이터에서 유치원 아이들이 소꿉놀이를 하고 있었다. 주위에서는 아이 엄마인 듯한 아줌마 너덧 명이 대화에 열중하고 있었다. 그런데 소꿉놀이를 하던 한 아이가 아빠 역할을 맡았던 듯한데, 놀랍게도 주정을 부리며 '술 마신 아빠'를 흉내 냈다. 그것을 보던 한 엄마는 조용히 일어나 아이를 집으로 데려갔다. 하지만 다른 엄마들은 그런 아이 모습에 별 관심을 보이지 않았다. 나는 아이를 조용히 집으로 데려간 엄마가 진정으로 현명한 엄마라고 생각한다. 열심히 수다를 떨고 있는 남은 엄마들이 안쓰럽게 생각되는 건 지나친 반응일까?
　아빠의 잘못된 교육이나 습관은 후세에 계속 대물림된다. 어떤 교육 프로그램에서 분석한 자료에 따르면 아빠가 아이에게 미친 영향력은 150년간 대물림된다고 한다. 최소한 3대가 영향을 받는다는 얘기다. 아빠로서 내가 미치는 영향력이 얼마나 큰지 안 뒤로는 겁이 난다. 나는 우리 아이들에게 어떤 아빠일까?

이제까지 대다수 부모는 부모가 되려는 노력을 전혀 하지 않았다. 굳이 부모가 되는 노력을 하지 않아도 아이를 낳아 키우다 보면 저절로 알게 된다고 생각했다. 습관에는 가치가 있는 게 있고, 없는 게 있다. 우리는 부모로서 이 둘을 명확히 구분할 줄 알아야 한다. 이 둘을 제대로 구분하지 못하면 아이에게 무엇을 가르쳐야 할지 몰라 혼란스러워 하게 된다.

부모는 모든 생각과 행동을 항상 올바르게 해야 한다. 자기는 올바르지 않으면서 아이에게만 강요하는 건 안 될 말이다. 가정교육은 단순히 가정 내 교육으로 끝나는 것이 아니라 사회와 국가, 나아가 인류 운명에 적잖은 영향을 미친다.

독선적이고 권위적인 아빠 밑에서 자란 아이는 어른이 되면 자신의 아빠와 비슷한 성향을 보이게 된다. 반대도 마찬가지다. 아이는 부모가 하는 대로 따라하는 존재나. TV만 보는 부모 밑에서 자란 아이는 당연히 책을 멀리하게 되고, 술 먹고 행패를 부리는 아빠를 보고 자란 아이는 '나는 그러지 말아야지' 하면서도 결국엔 자기 아빠처럼 될 가능성이 높다. 부모의 사는 방식이 아이에겐 하나의 규범이 되는 셈이다. 부단한 노력으로 자기 아빠와 다른 삶을 살던 사람도 큰 역경에 직면하게 되면 자신도 모르게 그렇게 된다. 부모의 역할이 중요하다고 계속 강조하는 이유가 바로 이 때문이다. 부모가 올바르지 않는데 어떻게 아이를 올바르게 키울 수 있겠는가.

아이를 올바르게 키우려면 부모 스스로 반듯해야 한다. 아주 약한 바람에도 이리저리 흔들리는 갈대 같은 삶을 산다면 아이도 그럴 것이고, 주위에 휘둘리지 않고 한결같이 올곧은 삶을 산다면 아이도 그럴 것이다. 모든 면에서 부모와 아이는 서로에게 스승인 셈이다.

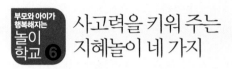
사고력을 키워 주는
지혜놀이 네 가지

우리 아이의 문제 해결 능력을 키워 주고 싶다면 다음 놀이들이 좋다. 물론 사고력 향상에도 으뜸인 놀이들이다. 아이와 함께 지혜를 겨뤄 볼 준비가 되었는가?

1 | 알쏭달쏭 흥미진진한 스무고개놀이

"살았나요?"

"먹는 건가요?"

"뾰족한가요? 둥근가요?"

한 고개, 두 고개 질문하다 보면 답이 보이기도 하고, 어떨 때는 오히려 더 아리송해지기도 했던 기억이 있을 것이다. 스무고개는 준비물이 필요 없기 때문에 장거리 여행을할 때 온 가족이 모두 할 수 있는 놀이다. 먼저 술래를 정한다. 그러고 나서 술래에게 생각하게 한 뒤 생각한 답을 종이에 적도록 한다. 해답을 생각하는 것이 익숙해지면 자유롭게 사고의 범위를 넓힌다. 가령, '우리 집 안방이나 거실에서 볼 수 있는 것' 등으로 하면 효과적이다.

▲ 사고력과 상상력, 문제 해결력, 유추해 내는 능력을 키워 준다.

전경일 이민경 부부의 자녀교육 레시피

2 | 내가 원하는 모양은 무엇이든지 만든다~ 칠교놀이

조그마한 조각 일곱 개, 이 일곱 개로 어떤 모양이나 만들 수 있다면 아이들이 얼마나 신기해 할까? 칠교는 시중에서 쉽게 구할 수 있지만 기왕이면 아이와 함께 색종이나 과자상자 등을 이용해 직접 만들어 본다. 만들기 좋아하는 아이에게 엄마가 조곤조곤 알려 주면서 만들어도 재미있을 것이다.

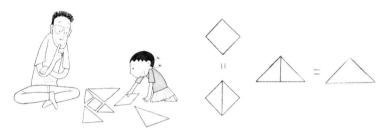

▲ 집중력과 사고력, 문제 해결력, 인내력, 공간 지각력을 길러 줄 수 있다.

3 | 놀이판에서 눈을 뗄 수 없는 고누놀이

막대를 눌러 놀이판을 그리고 색이 다른 말을 준비한 다음 마주 보게 한다. 그런 다음 아이의 말이 움직이지 못하도록 방해하면서 내 말을 움직이게 하는 놀이가 고누놀이 인데, 이 놀이는 장소에 구애 받지 않고 할 수 있다. 실내에서 스케치북이나 달력 뒷면 에 크레파스로 다음과 같이 놀이판을 그려서 하면 되고, 밖에서는 바닥에 직접 그리면 된다.

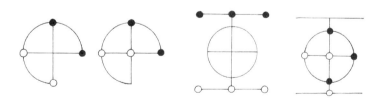

▲ 규칙을 이해하고 집중력을 키워 준다.

4 | 승패를 가늠할 수 없어 흥미진진한 윷놀이

"윷 나와라!"

"모 나와라!"

"도!도!도! 개!개!개!"

윷놀이를 모른다면 대한민국 국민이 아니다. 윷놀이 판은 윷과 함께 파는 것을 사용해도 되고, 종이에 직접 그려서 사용해도 된다. 온 가족이 함께 모여 놀 수 있는 놀이이자 우리 민족의 전통놀이기도 하다. 편을 나누기 때문에 자기편을 소중히 생각하는 자세도 배울 수 있을 것이다.

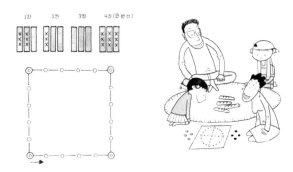

▲ 문제 해결력, 추리력, 협동심 등을 키울 수 있다.

아이가 부모를 키운다

엄마가 자라야 아이도 자란다

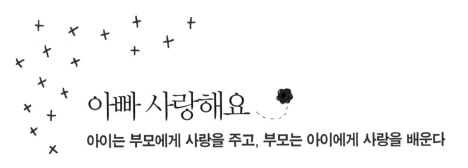

아빠 사랑해요

아이는 부모에게 사랑을 주고, 부모는 아이에게 사랑을 배운다

　　어렸을 때 서울로 이사를 온 우리 집은 생활이 늘 빠듯했다. 한 푼이라도 아껴 쓰는 절약 정신이 몸에 자연스레 배어 있었다. 부모님은 폐휴지 하나 허투루 버리지 않으셨고, 매사에 알뜰하게 쓰셨다. 서울에 있는 학교로 전학을 온 뒤 내겐 꼭 갖고 싶었던 책상이 하나 있었는데, 그때 우리 집 형편으로 그것을 산다는 건 무리였다.

　　하지만 그 책상을 너무나 갖고 싶었던 나는 한 가지 꾀를 냈다. 책상을 사달라는 긴 내용의 편지를 써서 아버지의 외투에 넣어 둔 것이다. 다음 날 아침, 일을 나가시려고 외투를 입으시던 아버지는 주머니에 뭔가 두툼한 봉투가 들어 있자 깜짝 놀라셨

전경일 이민경 부부의 자녀교육 레시피

다. 누가 이런 장난을 쳤냐며 호통을 치셨다. 정체 모를 봉투 같은 게 주머니 속에 들어 있으니 놀라실 법도 했다. 얼마 뒤 우리 집에는 철제 책상이 하나 들어 왔는데, 아버지가 나를 특별하게 생각하시는 마음을 읽을 수 있었다.

가끔 우리 집 아이들도 내게 편지를 쓴다. 사실 편지라기보다는 '아빠, 사랑해요'를 하트 모양과 함께 적은 쪽지다. 이 쪽지는 아이들이 내게 보내오는 사랑의 신호임을 잘 안다. 아이들이 함께하는 한 더욱 용기를 내서 살아가리라고 다짐을 하는 부모가 어디 우리 부부뿐이겠는가? 부모된 사람이라면 다 그렇지 않을까? 1970년대 서울로 상경하기 전까지 농사를 지으셨던 아버지가 평생 입에 달고 다니신 말씀이 있다.

논 물꼬에 물이 들어가는 것과 애들 입에 밥 들어가는 게 세상에서 제일 기쁘다.

그때는 그 말이 무슨 뜻인지 이해하지 못했다. 하지만 내 아이를 낳아 키우고, 세상살이의 버거움을 알게 되면서 나도 이제 그 말이 뜻하는 바를 안다. 마흔이 넘고서야 드디어 나는 제대로 된 아버지가 되고 있는 것이다.

　부모에겐 아이가 늘 눈에 밟힌다. 아이를 생각하면 언제 어디서나 힘이 난다. 땀에 젖은 내게 달려들며 '아빠 냄새가 좋아'라고 말하는데, 어찌 뭉클한 마음이 솟지 않겠는가. 세상에 어느 누가 땀내 나는 사십대 남자를 끌어안으면서 좋다고 말해 주겠는가. 부모와 자식 간의 끈끈한 핏줄이 아니면 절대 있을 수 없는 일이다.

　부모가 아이를 사랑으로 감싸 주면 아이는 남을 배려할 줄 아는 사람으로 자란다. 부모도 마찬가지다. 아이에게서 존경과 사랑을 받아야 부모도 좋아지는 법이다. 부모가 아이에게 관심을 갖고, 아이도 부모에게 관심을 가질 때 서로에게 주는 사랑의 감정도 증폭되는 것이다. 내가 준 사랑이 다시 내게 되돌아오는 것도 좋지만 되돌아오지 않는다고 해도 문제가 되진 않는다. 그 아이가 자라서 나중에 부모가 됐을 때, 지금 내가 베푼 사랑이 다음 세대로 계속 이어질 것임을 알기 때문이다.

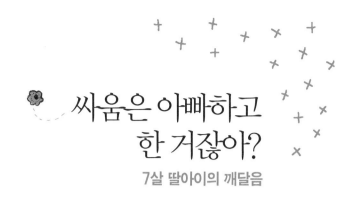

싸움은 아빠하고
한 거잖아?
7살 딸아이의 깨달음

때론 내 자신이 무척이나 철없게 느껴지곤 한다. 얼마 전에도 나는 이제 7살밖에 안 된 둘째 딸아이와 다퉜다. 우유를 조금 흘린 아이를 보고 기어이 참지 못하고 한마디 던졌는데, 딸아이도 그런 내가 못마땅했던 것이다.

"아빠가 우유를 가득 따라 주지 않았으면 쏟지 않았을 거 아니예요!"

때마침 아이 엄마가 퇴근해서 집에 들어와 미처 상황을 정리할 틈이 없었다. 화가 나 있던 아이는 다짜고짜 아내한테 짜증부터 부렸다. 하지만 아내는 맞받아서 아이한테 화를 내는 것이 아니라, 차분한 목소리로 이렇게 말했다. 지금도 그 말이 내 귓가에 남아 있다.

"너는 아빠랑 싸워서 화가 났으면서 왜 엄마한테 화를 내는 거니? 싸움은 아빠하고 한 거잖아?"

그러자 딸아이는 순간 뭔가를 깨달은 듯한 표정을 지으면 좀 전과는 다른 태도로 엄마를 대했다. 그런 아이의 반응을 보면서 나도 뭔가 엄청난 깨달음을 얻은 것 같았다.

흔히 우리는 화나는 상황을 다른 사람이나 환경 탓으로 돌린다. 화를 억누르지 못하고 계속해서 그 감정에 질질 끌려 다니는 것이다. 회사에서 있었던 안 좋은 일 때문에 생긴 감정을 가정까지 끌고 들어와 그것으로 가족한테 영향을 미치는 것은 바보 같은 일이다. 그걸 알면서도 계속 반복한다면 조용히 자신을 되돌아볼 필요가 있다.

그날 일어난 작은 사건으로 아이와 나는 모두 중요한 교훈을 얻게 된 셈이다. 감정을 처리하는 방법을 잘 모른 채 우리는 평생을 살아간다. 나이가 어려도, 가진 게 많지 않아도, 명성이 없어도 상대가 나보다 감정적으로 성숙한 인간이라면 항상 배우는 것

전경일 이민경 부부의 자녀교육 레시피

을 게을리 해선 안 된다. 노력을 계속한다면 감정 따위에 삶이 지배되는 일은 결코 없을 것이다.

　많은 사람이 살면서도 평생 얻지 못할 수 있었던 것을 나와 아이는 아내 덕분에 얻을 수 있었음을 생각하자 내내 흐뭇하였고, 아내에게 고마운 마음도 들었다. 더구나 딸아이는 그것을 겨우 7살에 얻었으니 이보다 더 좋은 일이 어디 있겠는가.

　그에 비해 나는 어떤가? 밖에서 얻은 감정의 찌꺼기를 집 안까지 끌고 들어와 분위기를 흐려 놓은 게 아빠인 내가 한 짓이다. 나는 아직까지도 완벽하게 나를 통제하는 모습을 아이들에게 보여 주지 못했다. 이 점은 결코 바람직하지 않다.

　아이를 보면서 항상 느끼는 것이지만 아이만큼 놀라운 존재도 없는 듯하다. 아이에게는 천성적으로 세상을 사는 방법을 터득하고, 인간이라는 존재를 배우며, 상황에 대처하는 방법을 알아내는 놀라운 재주가 있다. 실로 대단한 능력이 아닐 수 없다.

　그날 나는 내가 부족한 인간임을 처절하게 깨달은 것이다. 그래도 아직 내게 희망이 있다면, 부족한 것을 알고 계속 배우려 한다는 점이다. 평생 걸리더라도 나는 끝까지 부모로서 배우고자 하는 노력을 멈추지 않을 것이다.

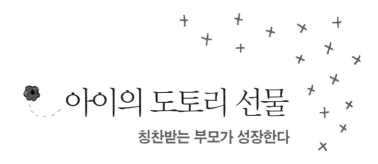

아이의 도토리 선물
칭찬받는 부모가 성장한다

초등학교 다니는 딸아이가 한동안 등하굣길에 땅에 떨어진 도토리깍정이를 열심히 주워 모으더니 내 생애 가장 감격스러운 선물을 주었다. 어느 날 퇴근 후 지친 몸을 기댄 채 잠시 쉬고 있던 의자 뒤로 아이가 조용히 다가왔다. 그러더니 눈을 감으라고 귓속말을 했다. 눈을 감자 아이는 고사리 손으로 만든 묵직한 도토리깍정이 목걸이를 내 목에 걸어 주고는 '아빠 사랑해요' 하면서 입에 뽀뽀를 해주었다.

나는 목걸이에 아이의 정성이 얼마큼 들어 있는지, 아이가 그것을 어떻게 만들었는지 보지 않아도 알 수 있다. 근 한 달여간 주워 온 도토리깍정이를 정성껏 씻어 말리고, 송곳으로 하나 하나 구멍을 뚫어 가며 목걸이를 완성했을 것이다. 딸아이는 내가 기뻐서 어쩔 줄 모르는 모습을 보고 매우 좋아했다. 나도 딸아이를 껴안으며 '하늘만큼 땅만큼 사랑한다' 고 말해 주었다.

　나한테 그 목걸이는 보물 제1호다. 내가 그것을 얼마큼 소중히 여기고 있는지 아이한테 말해 주었다. 나는 목걸이를 벽에 장신구로 걸어 두었는데, 때때로 아이는 벽에 걸린 그 목걸이를 다시 내 목에 걸어 주곤 한다. 그럴 때마다 우리는 함께 아이가 도토리깍정이를 줍기 시작한 그 즈음의 얘기를 도란도란 나눈다.

　나는 딸아이가 언젠가 멋진 남자를 만나 결혼하고, 아내가 가끔 내게 부탁하는 것처럼 남편에게 목걸이 고리를 채워 달라고 부탁할 것임을 안다. 내가 그러듯 그때마다 아이도 상대 배우자에게 사랑의 감정을 느끼게 될 것이다. 아이가 커서도 계속 진정한 사랑과 존엄성을 지키면서 산다면, 부모로서 얼마나 행복한 일인가! 나는 언제 어느 때든지 아이들이 존엄성을 지키며, 자존감을 갖고 세상을 살아가길 바란다.

　아이들은 내게 말로는 도저히 표현할 수 없는 기쁨을 안겨 준다. 내가 어디서 이토록 부드럽고, 사려 깊은 관심과 배려를 받을 수 있겠는가? 부모로서 누릴 수 있는 호사가 세상 어디에 또 있을까 싶다. 나는 아이들이 그린 그림이며, 아이들에게서 받은 선물이며, 추억이 담겨 있는 물건들을 몇 가지 더 보관해 두었다.

전경일 이민경 부부의 자녀교육 레시피

아이들이 컸을 때 그것을 보여 주면서 그들이 내게 베풀어 준 사랑을 알려 주고, 그들도 훗날 사랑받는 부모가 될 거라며 축복을 해주고 싶다. 내가 죽은 뒤에도 가끔 아이들이 자녀나 손자를 데리고 내 무덤을 찾아와 주길 바란다. 그럴 때마다 나는 저 세상에서 흐뭇한 미소를 띠며 내 후손들이 아름답게 살아가는 모습을 보고 있지 않을까? 내 아버지가 지금 나를 그렇게 보고 계실 거라고 믿는 것처럼 말이다.

아이들은 나를 진정한 어른으로 만들고, 웃음을 머금은 채 거친 세상을 살아갈 수 있게 해준다. 신은 어쩌다 부족한 부모들에게 저런 천사들을 보내줬는지 그저 놀라울 따름이다. 새록새록 잠든 아이들을 내려 볼 때면 오만가지 생각이 부모를 사로잡는다. 줄줄이 떨어지는 집값, 주식에 노후걱정까지 숨이 턱 하고 막힌다. 하지만 아이의 웃음 하나에 오늘도 부모들은 다시 힘을 내고 살아간다.

부모는 아이가 주는 사랑으로 삶의 가장 소중한 부분을 채워 나간다. 아이 때문에 부모는 인생의 참맛을 알게 된다. 아이는 신이 주신 최고의 선물이다.

이불이 구겨진 모양까지 똑같다

습관의 유전자를 바꿔라

아이에게 일어난 문제는 대부분 부모에게 그 원인이 있다. 부모는 아이의 거울이기 때문이다. 그런데 대체로 부모는 자기 일은 합리화하고 변명하면서 아이에게만 더 엄격한 기준을 적용해 꾸짖을 때가 많다. 아이가 거실바닥에 놓아둔 물컵에 아빠가 걸려 넘어지면 물컵을 거실바닥에 아무렇게나 놓아두었다고 아이가 혼이 난다. 그러나 아빠가 놓아둔 물컵에 아이가 걸려 넘어졌을 때도 역시 '부주의하게 앞도 제대로 안 보고 다니는' 아이가 혼이 나는 것이다.

아빠가 담배를 피는 것은 '직장생활과 사회생활에서 받는 스트레스' 때문이고, 너무 어려운 일이라 담배를 끊기는 힘들다고

전경일 이민경 부부의 자녀교육 레시피

말한다. 이런 핑계는 드라마를 끊지 못하고 계속 보는 엄마도 똑같이 한다. 그러면서 아이에게 도대체 왜 인터넷을 끊지 못하냐며 끊임없이 잔소리와 질책, 화를 내는 것인가?

맞벌이 부부의 아침은 작은 전쟁터를 방불케 한다. 일어나서 출근 준비에 아이 학교까지 챙겨 보내려면 사실 1분 1초가 너무 빠듯하다. 아침 일찍 회의나 미팅이라도 잡혀 있는 날에는 침대 위 이불은 흐트러지고, 갈아입은 옷들은 여기저기 어질러 놓은 채 그냥 출근하기 일쑤다. 하지만 오랫동안 내 눈에는 어질러진 아이 방만 못마땅해 보이고, 더 어질러진 내 방은 잘 보이지 않았다.

어느 날 아이 방을 보니 여전히 어질러져 있어 짜증이 났다. 하지만 갑자기 뭔가 이상한 느낌이 들어 나는 아이 방을 나와 내 방으로 가봤다. 그리고 다시 아이 방으로 갔다. 침대 위에 꾸겨져 있는 이불이 어쩌면 그렇게 꾸겨진 모양까지도 똑같은지! 물론 아이가 내 방을 보고 똑같이 자기 방 이불도 일부러 구겨 놓은 것은 아닐 것이다. 하지만 아이의 습관은 어느새 그 모양까지도 똑같이 엄마의 습관을 그대로 닮아 있었다. 그날 이후 나는 잔소리를 그만두었다. 그리고 아무리 바빠도 내 방 이불과 벗어 놓은 옷들은 가능한 가지런히 정리한 뒤 출근하려고 노력한다. 그 때문에 처음에는 힘도 들고 더 빨리 일어나야 했지만 내가 힘든 만큼 아이도 자기 습관을 바꾸기 힘들었을 것이다.

아이가 그동안 봐온 모습과 다른 모습을 무의식에 기억했다 그것을 행동에 반영해 자기 방을 가지런히 정리하기까지는 아무래도 시간이 많이 걸릴 것이다. 하지만 그것이 결국은 가장 빠른 방법임을 나는 이제 안다.

부모에게 물려받은 유전자는 생물학적인 것만이 아니다. 가장 무서운 것은 사실 습관의 유전자다. 부모의 말투, 표정, 사람을 대하는 태도부터 방 정리하는 습관까지 사실 어느 것 하나 아이가 보고 배우지 않는 것이 없다. 아이는 부모가 말하는 내용이 아니라 행동과 모습을 보면서 자아를 형성하는 것이다.

행동으로 직접 부모가 모범을 보이는 것, 사실 이보다 더 좋은 것은 없다. TV를 거의 켜지 않고 잘 보지도 않는 부모의 습관 역시 다행히 아이가 그대로 따라한다. 한때 나는 스트레스를 많이 받거나 생각을 별로 하고 싶지 않을 때 무심코 TV를 켜놓았다. 우리 집은 TV가 21인치 옛날 구형인데다 안방에 있다.

TV를 보는 습관이 좋지 않음을 알기에 그때도 나는 아이들 눈치를 보며 안방으로 조심스럽게 들어가 문을 닫고 최대한 소리를 낮추고 보았다. 하지만 문이 닫혀 있어도 아이들은 엄마가 무엇을 하는지 너무나 잘 안다. 그 시기에 아이들의 TV시청 시간 역시 많이 늘어났다. 그렇게 한번 형성된 습관을 다시 되돌려 놓는 데 많은 시간이 걸렸음은 말할 필요가 없을 것이다. 지금은 다

전경일 이민경 부부의 자녀교육 레시피

행히 다시 옛날로 돌아가 TV를 거의 켜지 않는다.

부모의 역할은 행동으로 모범을 보이는 것이다. 엄마는 드라마가 재미있어 끊지 못하면서 아이는 TV를 못 보게 하거나 인터넷을 하지 말라고 하는 것은 전혀 설득력이 없다. 아빠가 담배를 끊지 못하고 자꾸 실패하는 모습을 보이는 것도 문제지만, 아이에게 세상에는 나쁜 것인 줄 알면서도 끊을 수 없는 것이 있음을 무의식 속에 가르치는 꼴이 된다.

즉, 자신의 의지와 노력으로도 안 되는 일이 있다는 무기력을 가르치는 것이다. 오늘도 나는 내 행동과 말투를 돌아보며 우리 아이들이 따라해도 좋을 그런 생활을 하고 있는지, 그런 인생을 살고 있는지 옷 매무새를 고치듯 다시 한번 내 자신을 가다듬어 본다. 여전히 아이들이 나를 가르친다.

애들아, 고맙다
아이가 부모를 키운다

    나이 사십을 넘으면 나이 들어감의 여러 징후가 곳곳에서 드러난다. 핸드폰 액정의 작은 글씨가 보이지 않아 문자가 오면 될수 있는 한 최대한으로 팔을 뻗어 보지만, 워낙에 팔길이가 짧아그것도 한계가 있다며 푸념 조로 농담을 하며 씁쓸하게 웃던 친구도 있었다. 나 역시 비슷한 징후들과 거울 속 흰머리를 보며 나이 듦을 실감하고 있는데, 가장 큰 징후 중 하나는 눈물이 많아졌다는 점이다.

    그중에서도 가장 대책 없이 눈물샘을 자극하는 것은 아이와 부모, 가족이 조금이라도 슬픈 상황에 처하게 되는 그런 얘기나영화, 책 속의 장면을 접했을 때다. 너무 주책 없이 눈물이 나와

전경일 이민경 부부의 자녀교육 레시피

당황스러울 때가 한두 번이 아니다. 예전에 그런 드라마를 보며 우시는 엄마를 보면서 정말 촌스럽다고 생각했었는데, 어느새 내가 그런 나이가 된 것이다.

엄마 생각이 나자 자연스럽게 내 어렸을 적 생각이 나면서, 아이들의 상황이 더 잘 보이기 시작했다. 방학숙제는 매번 방학 전 날 밤새워 했고, 그중에서도 특히 밀린 일기를 쓰는 것이 가장 고역이었던 나였다. 도대체 그날의 날씨가 생각나야지 말이다. 나 자신도 그랬으면서 지금의 나는 왜 그렇게 방학 때 늦잠 자는 아이들이 못마땅해 보였을까? 방학 때도 좀 일찍 일어나 책상에 착 앉아 공부도 하고 숙제도 미리미리 해놓으면 얼마나 좋겠는 가. 특히, 학기 중 잘 못했던 과목은 방학 때 좀 더 열심히 해서 만회를 하면 좋을 텐데. 이런저런 생각 때문에 늘 아이들에게 화를 냈었다.

물론 내 아이들은 좀 더 낫기를 바라는 마음에서 잔소리 한다는 합리화를 항상 내세웠다. 하지만 진정으로 아이들은 이해하지 못하면서 그저 못마땅해 했던 것이다. 휴일이면 항상 늦잠 자는 나를 아이들이 나와 같은 눈으로 본다면 뭐라고 할까? 엄마도 평소에는 일 때문에 집안일과 자기들을 잘 돌보지 못하니 휴일에는 좀 더 일찍 일어나 밀린 집안일도 전부 하고, 자기들도 더 챙겨주고, 엄마 스스로 자기계발도 해야 하지 않겠냐고 말하지 않겠는가?

아이를 이해하는 마음은 사실 아이 입장이 되어 보려는 노력에서 나온다. 자신의 어린 시절을 떠올려 보라. 정말 그렇게 내가 지금 아이에게 바라는 모습처럼 완벽한 모범생이었던가.

부모가 자신의 인생에 후회가 있다 해도 그것을 아이에게 강요해서는 안 된다. 부모는 이미 그런 과정을 겪었기에 후회도 하고, 안타까움도 생기는 인생의 교훈을 얻은 것이다. 물론 사랑하는 아이가 자신처럼 힘들게 고생해서 인생의 교훈을 얻게 하고 싶진 않겠지만, 지나친 욕심은 오히려 아이 스스로 깨우칠 수 있는 기회마저 박탈하게 된다.

옛날 나 자랄 때의 모습과 비교해 보니 못마땅하게만 보이던 아이들이 사실은 나보다는 훨씬 나았다. 사실 나는 TV는 매일 애국가가 나올 때까지 보고, 숙제는 거의 학교에 가서 그것도 쉬는 시간에 친구 공책 베껴서 했었다. 방학 때는 오후 1시 이전에는 일어난 적 없는 잠꾸러기가 바로 나였다. 지금 생각해 보니 한창 자랄 때 자라는 속도를 못 이겨 늘 피곤했던 것 같다.

사실 나도 공부하는 게 엄청 재미있지 않았다. 사실 무지 싫어 했었다. 시험 보는 스트레스는 또 얼마나 심했던가? 그랬으면서 올챙이 적 생각은 못하고 아이들이 계속 공부만 하기를, 시험도 잘 보기를 원하며, 도대체 공부만 하면 되는데 뭐가 문제냐며

전경일 이민경 부부의 자녀교육 레시피

닦달 했었다. 그런 내 자신이 한없이 부끄럽다.

　　이런 시각으로 보자 아이들이 너무 고마웠다. 이렇게 인터넷이니 게임이니 유혹이 많은 세상을 헤쳐 나가며 살고 있으면서도 이만큼이나 올곧게 자라 준 것만으로도 눈물 나게 고맙다. 병치레는 잦지만 큰 병 없이 씩씩하게 자라 준 것도, 위험한 세상에 별다른 사고 없이 여태까지 잘 자라 준 것도 다 고맙다. 이 나이에도 아직 세상살이가 서툴고 인간을 이해하는 마음도 많이 부족한 엄마를 좋아해 주고, 이런 엄마 밑에서 자기 인생을 조금씩 만들어 나가는 씩씩한 딸들이 무엇보다 너무 고맙다.

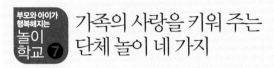

가족의 사랑을 키워 주는 단체 놀이 네 가지

온 가족이 함께 놀이에 참여하면 아이의 사회성을 기를 수 있고, 남을 배려하는 마음도 키울 수 있다. 또 남과 갈등이 생겼을 때 이것을 조절하는 능력까지 생기게 된다. 가족이 함께해서 더 유익하고 재미있는 놀이를 소개한다.

1 | 8자 모양을 그려서 술래잡기를 하자~ 8자놀이

넓은 땅에 커다랗게 8자를 그리면 모양을 따라 작은 길이 생긴다. 그러면 그 길에서 쫓고 쫓기는 놀이가 시작될 것이다. 손을 뻗으면 금방이라도 잡힐 것 같지만 재빠르게 움직이는 아이들을 잡기란 쉬운 일이 아니다. 온 가족이 함께 참여할 수 있어 더욱 즐거운 8자놀이는 운동장에서 하는 것이 제일 좋다.

▲ 신체 조절력, 공간 개념, 규칙 이해 등을 배울 수 있다.

2 | 우리 편 최고~ 삼팔선놀이

좁고 기다랗게 여러 개로 만든 강을 건너서 제자리로 되돌아와야만 놀이에서 이길 수 있는데, 이 놀이는 가슴 아픈 우리 민족의 분단현실을 보는 것 같아 조금은 가슴이 아

전경일 이민경 부부의 자녀교육 레시피

프다. 놀이장소는 넓은 운동장이어야 하고 2명씩 편을 나누어 공격과 수비를 정한다. 공격이 출발 칸에 들어가면, 수비는 좁고 기다란 강에 한 사람씩 선다. 놀이가 시작되면 공격은 첫 번째 칸에서 마지막 칸까지 갔다가 원래의 자리로 다시 되돌아와야 하는데 이때, 수비의 손에 닿거나 선을 밟으면 죽게 되는 놀이다.

▲ 협동심과 순발력 등을 배울 수 있다.

3 | 꼬불꼬불 놀이판 위에서 즐기는 달팽이놀이

역시 장애물이 없어야 할 수 있는 놀이로, 넓은 땅 위에 달팽이집 모양을 그려 놓고 편을 나눈 다음 한 편은 표시한 집의 안쪽에, 다른 한 편은 바깥쪽에 선다. 놀이가 시작되면 각 편에서 한 사람씩 뛰어가는데, 안쪽 사람은 바깥쪽을 향하여, 바깥쪽 사람은 안쪽을 향하여 뛴다. 이때, 선을 밟으면 안 된다. 뛰어가면서 두 사람이 만나면 가위바위보를 하여 이긴 사람은 가던 방향으로 계속 가고, 진 사람은 자신의 집으로 되돌아간 후 다른 사람이 재빨리 뛰어나가야 한다. 이렇게 반복하여 상대편의 집까지 먼저 들어가는 편이 이기게 된다.

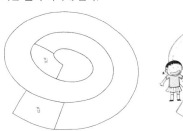

▲ 균형 감각과 공간 지각력, 사회성 등을 키울 수 있다.

4 | 흥정을 하며 즐기는 떡장수놀이

"이 떡 얼마예요? 맛있어요? 무엇으로 만들었어요?"

"에이, 너무 비싸다. 맛도 없어 보여요."

아이와 아빠가 손님과 가게 주인이 되어 서로 역할놀이를 해보자. 아빠가 달팽이집을 그린 다음 집과 가게를 정하자. 그리고 손님인 아이가 말도 안 되는 이유로 흥정을 깨고 떡을 차 버리고 도망을 가면, 가게 주인인 아빠는 얼른 떡을 주워 놓은 다음 도망가는 아이(손님)를 잡으러 간다. 술래를 제외한 사람들은 집에 들어오면 재빨리 막대로 문을 잠근다. 문을 잠그기 전에 술래에게 잡힌 사람은 술래, 즉 떡가게 주인이 된다.

▲ 사회성, 균형 감각, 순발력, 공간 지각력 등을 배울 수 있다.

좋은 부모가 되는 49가지 원칙

우리는 모두 좋은 부모가 되고 싶어 하지만 어떻게 해야 좋은 부모가 되는진 잘 모른다.

주변에 조언도 구해 보지만, 누구 하나 명확한 해답을 내놓는 사람이 없다.

원칙 없이 아이를 키우는 부모는 오히려 아이를 더 혼란스럽게 만든다.

이런 부모를 위해 자녀를 교육하는 데 필요한 원칙을 소개한다.

정경연 아동상담 전문가 · 최현숙 동화작가 씀

1 │ 매사에 적극적인 태도를 몸에 지니게 하라

아이는 부모의 삶을 보면서 배워 나간다. 부모가 어떤 일에도 적극적인 모습을 보이지 않는다면, 아이도 당연히 그렇게 된다. 최상의 부모는 못될지언정 적어도 아이에게 해가 되는 부모는 되지 말아야 하는 것 아닌가. 아이에게 대충 한 발만 조금 걸치고 살면서 잘되기를 바란다는 건 기대하기 어렵다. 어려서부터 아이에게 이 점을 명확히 알려 주자.

2 │ 현실 감각을 키워 주어라

아이는 아직 분별력은 부족하지만 현실 감각은 대단히 높다. 부모에게서 사랑과 관심을 얻고자 애쓰는 모습은 매우 현실적이며, 구체적이다. 이것은 아이의 행동을 조금만 살펴봐도 금방 알 수 있다. 아이가 어른만큼이나 현실적인 것은 생존 본능과 맞닿아 있기 때문이다. 부모의 관심을 받지 못하고 자라기란 불가능함을 본능적으로 아는 것이다. 아이가 삶에서 분별력을 갖게 하려면, 아이의 현실 감각을 지혜롭게 이끌어 주는 부모의 관심과 자세가 필요하다.

3 │ 단단하면서도 무르게 키워라

아이를 어떻게 키워야 할지 매번 고민하게 된다. 호두처럼 겉으로는 딱딱하나 안에 있는 열매는 고소한 아이로 키울까, 아니면 수박처럼 상상력이라는 과즙이 넘치는 아이로 키울까 여러모로 생각이 많다. 아이가 앞으로 커나갈 모습을 호두와 수박에 비유했지만, 역으로 그런 비유는 부모인 내게도 적용되는 것이다. 내가 키우고 싶은 아이 모습은 단호하고, 주도면밀하며, 매우 친절하면서도 사려 깊은 모습이다. 그런 모습을 아이 스스로 그려 갈 수 있도록 부모로서 힘껏 도와주어라.

전경일 이민경 부부의 자녀교육 레시피

4 | 칭찬은 구체적으로 많이 할수록 좋다

칭찬은 아이 행동을 좋은 쪽으로 유도한다. 언젠가는 잘할 거라는 예언형 칭찬조차 엄청난 힘을 발휘할 수 있다. 부모가 하는 이런 칭찬과 격려는 아이를 용기백배하게 하고, 바르게 만든다. 칭찬은 이처럼 엄청난 영향력을 발휘하는 것이다. 아이가 평생 지니는 자신감은 때로 부모의 세심한 배려와 칭찬에서 나온다. 부모가 자랄 때 칭찬을 많이 받지 못했다면, 우리 아이에게만은 넉넉하게 베풀어 주자.

5 | 너는 무엇이든 될 수 있다고 말해 줘라

우리는 아이가 어떤 사람이 되길 기대하는가? 부모로서 아이에게 바라는 모든 것을 이룩해 주는 마법의 주문이 여기 있다.

"너는 무엇이든 될 수 있단다."

부모는 대개 자신의 격려가 아이에게 얼마나 지대한 영향을 미치는지 깨닫지 못하는 것 같다. 부모와 아이 사이에서 일어나는 감정적 교류와 아이에게 심어 주는 자신감은 아이 인생에서 가장 중요한 요소다. 아이를 격려해 주고, 믿어 주며, 그가 하는 모든 노력에 함께 동참해 주어라. 스스로 마법을 걸기 시작할 것이다.

6 | 정직과 바른 생활을 강조하라

아버지가 내게 가르쳐 주신 큰 가르침이 하나 있다. 내 아버지는 정직을 가장 중요하게 생각하셨는데, 정직한 삶이야말로 가장 명예로운 삶이라고 여기셨다. 그분이 약삭빠르게 살지 않고, 고지식하고 융통성 없이 산 것도 다 그런 인생관 때문이었다. 그분은 생각한 대로 말하고, 말한 대로 행동하셨다.

부모는 아이 앞에서 스스로 옳다고 믿는 행동을 해야 한다. 아이가 정신적으로도 성장하도록 인도하는 것, 그것이 바로 부모의 가장 강력한 소임이다.

7 | 부모의 단점을 알게 하라

부모의 실상을 아이에게 사실대로 말해 준다면, 아이가 어쩌면 실망할 수도 있을 것이다. 아이가 낙담할까 봐 하나둘씩 하게 된 거짓말이 오히려 아이 앞에서 떳떳하지 못한 부모가 되게 만든다. 힘들겠지만, 부모의 단점이나 결점을 있는 그대로 얘기해 주어라. 그건 미련한 행동이 아니라 용기 있는 행동이다. 처음엔 실망하겠지만, 부모가 자신의 결점을 알고 그것을 고치려고 노력하는 모습을 보면서 나중엔 오히려 부모를 자랑스럽게 여기게 될 것이다.

8 | 무례하고 분별없는 행동에는 패널티를 주어라

부모라면 누구나 아이가 공공장소에서 시끄럽게 뛰어다니고, 갑자기 생떼를 부려 곤혹스러웠던 적이 한번쯤 있을 것이다. 이럴 때는 아이를 어떻게 대하는 것이 좋을까? 먼저 엄하게 경고한 뒤 그래도 아이가 무례한 행동을 멈추지 않는다면 아이를 데리고 나가거나, 다른 식탁에 가서 혼자 앉게 하거나, 주목을 끌려는 아이 행동을 외면해 버리면 된다. 단호한 부모의 행동이 아이를 격의 있게 키운다.

9 | 현명한 부모는 아이에게 배운다

부모가 되는 일차적인 노력은 아이에게 배우는 것에서 시작된다. 가르치는 게 전부가 아니다. 혹시 아이에게서 뭘 배워야 하는지 아직 잘 모르겠는가? 그렇다면 어른이라는 라이선스를 받는 데 더 많은 시간과 노력을 쏟아야 한다. 아이의 순수한 눈에 비친 내 모습에서, 내가 하는 모든 말과 행동을 보고 따라하는 아이 태도에서 배워야 할 것들이 차고 넘친다. 아이에게서 끊임없이 배우지 않는다면, 부모는 인생의 거울 하나를 잃어버리는 셈이다.

10 | 있는 그대로 평가하라

우물 안 개구리에겐 그 우물 안 세계가 전부이며, 우물 안에서 보이는 그 정도 크기의 하늘밖엔 볼 수가 없다. 사람도 이와 다르지 않을 것이다. 아이를 외곬으로 대하고, 자신의 시각으로만 판단한다면 자칫 치명적인 결과를 가져올 수 있다. 아이를 객관적으로 바라보는 부모의 눈은 그래서 무엇보다 중요하다. 아이를 편견이 아닌, 있는 그대로 볼 수 있을 때 우리는 '자녀교육'이란 말을 할 수 있다. 자신과 아이를 있는 그대로 보는 것부터 출발하자. 부모는 아이를 바라보는 자신의 눈이 사시가 아닌지 계속 의심할 필요가 있다.

11 | 비난은 불량 답안, 문제만 키운다

비난은 어떤 일도 해결해 주지 못한다. 그것이 정당한 비난일 때조차 아이를 정서적으로 거칠고 황폐하게 만들 위험이 있다. 그런 아이는 은연중 세상을 불신하는 마음을 품고 살아간다. 이 비난으로 문제를 해결할 수 있다고 착각하지 마라.

비난으로 문제를 개선하려는 전략은 오히려 부모의 결점만 더 드러내게 될 뿐이다. 비난 대신 너그럽고 넉넉한 대안을 제시하여 아이와 함께 해결해 나가다 보면 어느덧 아이 문제는 자연스럽게 치유되어 있을 것이다.

12 | 어떤 상황에서도 핵심에 집중하라

아이와 갈등이 생겨서 부모 말을 잘 듣지 않을 때는 갈등이 생기게 된 핵심에 집중해야 한다. 핵심이 흐려지면 아이는 난처한 상황에서 빠져나가려고 온갖 궁리를 짜내며 부모를 더욱 곤혹스럽게 만들 것이다. 그럴 때 아무리 아이를 달래고, 가르치고, 하소연해 봤자 아무 소용이 없다.

13 │ 잔소리 대신 유머와 위트 넘치는 대화를 하라

말만 하면 아이가 쉽게 따를 거라는 생각은 큰 오산이다. 내가 아이에게 하는 잔소리는 내 기준에서나 '문제'인 것이지, 아이에게도 그런 것은 아니다. 부모가 원하는 방향으로 따르도록 하려면 아이가 내 관심사에 동조하도록 유도해야 하는데, 이때 잔소리는 별로 좋은 유인책이 못된다. 잔소리 대신 웃긴 말과 재치로 적당한 조언을 하라. 구구절절하게 잔소리를 늘어놓는다면 아이는 더 반감만 갖게 될 것이다. 정 입이 근지러워 못 참겠거든, '1절만' 하라. 어차피 될 건 되고, 안 될 건 안 된다.

14 │ 듣기란 무언(無言)으로 말하는 것이다

교우관계에서 좌절을 겪은 아이가 찾아와 하소연을 했다. 나는 그 상황에 처했을 때 보통 해줄 수 있을 법한 해법들을 침 튀기며 말했다. 가만히 듣던 딸아이는 그럴 줄 알았다며 제 방으로 들어가 버렸다. 그때의 경험으로 나는 되도록이면 아이 일에 쓸데없이 참견하기보다는 묵묵히 아이 말을 들어주면서 스스로 해결방안을 찾을 수 있도록 이끌어 주었다. 진심으로 서로 마음이 통했다는 것, 그것만으로도 아이와의 사이가 더욱 가까워졌다. 고민에 빠져 있는 아이에게 가장 큰 선물은 가만히 아이 말을 들어주는 것이다. 별 거 아닌 것 같지만 아이는 거기에서 많은 것을 배우게 된다.

15 │ 아이만의 고유 영역을 인정하라

우리는 배우자와 아이를 마치 내 소유물인 양 여길 때가 많은데, 그것은 완전히 착각한 것이다. 특히, 그런 경향은 사랑하는 사이에서 더 자주 나타난다. 사랑하는 사람일수록 더 독립성이 있는 존재로 대해야 함을 우리는 종종 간과한다. 내가 사랑하는 사람은 결코 내가 될 수 없다. 서로의 차이를 받아들일 수 있어야 한다. 부모와 자식은 결코 한 몸아, 한 정신이 아니다. 그러기에 각자의 고유한 영역을 인정하는 데서 대화는 시작된다.

16 | 가정은 가치를 만드는 곳임을 명심하라

가정은 단지 집이라는 장소를 뜻하기도 하고, 가족구성원이 서로 유대감을 형성하는 수단을 뜻하기도 한다. 임상심리학자인 레이 과렌디는 "상호 신뢰와 조건 없는 사랑이라는 토대 위에 뿌리를 내린 전통적 가치야말로 여전히 성공적인 자녀교육의 열쇠다."고 역설한다. 이 말에 공감한다면, '열쇠'에 주목할 필요가 있다. 핵심어는 '상호 신뢰', '사랑', '전통적 가치', '자녀교육'이다. 이런 요소가 서로 유기적으로 결합할 때, 훌륭한 가정을 만들 수 있다. 그런 가치를 우리는 아이에게 충분히 심어 주고 있는가? 그렇지 못하다면, 지금 당장 무엇부터 심어 주어야 할지 곰곰이 생각해 보라.

17 | 당신은 친구가 아닌 부모임을 명심하라

아이에게는 친구가 아니라 자신을 이끌어 줄 사람이 더 필요하다. 그런데 요즘에는 친구 같은 부모가 더 인기가 있다. 친구한테 속마음을 털어놓듯이 아이에게 자신의 고민거리와 문제를 시시콜콜 얘기한다. 이것은 동서양이 별반 다를 바 없어 보인다. '편식하지 마라', '공손히 말하고, 꼭 고맙다는 인사를 하라', '남의 수고에 감사를 표하라' 등 부모가 아이에게 하는 훈계는 점점 더 들을 수 없다. 그도 그럴 것이 친구에게는 훈계를 하지 않기 때문이다. 커가는 아이에게 부모로서 꼭 하지 않으면 안 되는 말들이 있다. 친구 같은 부모가 된다고 아이가 독립적이고 개방적인 사람으로 큰다고 혼동을 하는 듯한데, 이것은 큰 착각이다.

18 | 1:1 대화에 더 많은 시간을 보내라

아이를 대할 때는 항상 성숙한 하나의 인격체인 양 대하라. 하나의 인격체로 바르게 커가는 아이를 볼 때면 정말이지 대견하고 뿌듯하지 않은가? 삶의 보람은 이런 데서 드러난다. 그런 아이와 1:1로 대화하는 시간을 가지면서 삶에서 터득한 진리를 알려 줘라. 아이는 오로지 자신에게만 쏟는 시간과 관심, 사랑을 원한다. 이것은 아이가 가족

전체에게 바라는 바와 다르다. 1:1로 대화할 때 아이는 깊숙이 숨겨 둔 비밀과 고민을 더 쉽게 털어놓을 수 있다. 인간은 상대방에게 비밀을 털어놓으면서 서로의 관계가 더 깊어진다고 생각한다는 점을 잊지 마라.

19 │ 참다운 권위는 필요조건이다

아이의 나쁜 버릇을 알려 주는 것은 좋으나, 그것을 고치려고 아이와 타협해서는 안 된다. 예를 들어, A란 나쁜 버릇을 고치려고 대가로 B란 경품을 내놓는 방식은 좋지 않다. 그렇게 되면 아이는 부모가 대가를 주니 뭐 그 정도는 들어주지 하는 식으로 생각하게 되고, 부모보다 자신이 더 우월하다고 느껴 모든 일마다 부모와 거래를 하려고 들 것이다. 그런 아이는 커서 상대방에 대한 배려 부족, 인간적 감정 결핍, 지켜야 할 예의조차 무시하는 태도 등 과오를 범할 수 있다. 권위는 부모가 지녀야 할 참다운 가치다. 그러니 부모로서 절대 권위를 잃지 마라.

20 │ 아이 희망이 무언지 물어본다

성실한 부모는 아이에게 아주 잘 짜인 인생지도를 제시한다. 학교나 학원 수업 때문에 아이를 눈코 뜰 새 없이 바쁘게 돌리는 것이 아니라 무엇이 되고 싶은지 스스로 알 수 있도록 다양한 체험을 할 수 있는 기회를 제공하는 것이다. 그런 가운데 아이는 자신감을 갖게 되고, 도전 분야도 나름대로 설정한다. 영화감독이 되겠다는 아이에게 치과의사를 권하는 것은 좋지 않다. 그것은 부모가 만든 인생지도이지 아이가 살고 싶은 인생지도는 아니다. 아이가 올바른 방향으로 나아갈 수 있도록 바로잡아 줄 것, 부모가 할 일은 그런 것이다.

21 │ 자부심에 도취되지 마라

아이가 자기 행동을 지나치게 과시하고 도취되지 않도록 한다. 무엇이든 지나친 것은

전경일 이민경 부부의 자녀교육 레시피

좋지 않다. 이런 아이는 겸손의 미덕을 알지 못한다. 앞으로 살아갈 수많은 날 중에서 아이 혼자 외롭게 살아가길 원하지 않는다면 가장 기본적인 덕목인 겸손을 가르쳐 주어라. 부모의 지위나 부만 믿고 아이가 안하무인 태도를 보인다면, 세상에서 제일 바보스러운 방법으로 아이를 키우고 있는 것이다. 아이가 가슴에 품어야 하는 것은 돈이나 지위가 아니다. 세상에는 자신감, 돈독한 우정, 굳은 의지 등 돈으로는 살 수 없는 것들이 너무나 많다. 이 점을 알려 주어라.

22 | 부모부터 잘하려고 노력하라

결혼생활을 원만하게 잘 유지하지 못하는 부모는 아이 인생에 좋은 영향을 미치기 어렵다. 부모 사이의 관계가 좋아야 아이는 그 속에서 우호와 협력, 타협, 사랑을 자연스럽게 배우게 된다. 부부가 항상 의논하고 서로 돕는가? 아이가 부모처럼 자란다면 좋겠는가? 엄마가 아빠를, 아빠가 엄마를 존경하는 모습을 보일 때 아이도 부모를 존경하게 된다. 아이를 키우다 보면 부모가 먼저 삼가해야 할 일이 도처에 놓여 있다. 항상 그것을 잊지 말자.

23 | 정중하게 대하는 법을 익히게 하라

아이가 살면서 대접받는 존재로 키우고 싶거든 정중하게 행동하는 법을 가르쳐 주어라. 아이의 정중한 태도는 대부분 부모에게서 배운다. 타인을 존중하는 자세로 대하는 부모를 보며 아이는 사소한 일에도 공격적으로 나오거나 지나친 요구를 하게 되지 않을 것이고, 무례하게 행동하지도 않을 것이다. 부모 스스로 예의바르게 행동하지 않으면서 아이에게 그것을 요구하는 건 안 될 말이다.

24 | 아이와 늘 함께하고, 필요할 때는 옆에 있어 줘라

아이가 원할 때마다 항상 곁에 있어 주면 금상첨화지만 그렇게 하기는 현실적으로 어렵다. 그래도 가능하면 아이와 함께 있어 줄 수 있도록 노력해야 한다. 아이와 함께 보내는 시간은 한번밖에 없어 더없이 소중한 순간이다.

아이는 부모와 함께 보내는 시간을 무엇보다 소중히 여긴다. 아이와 함께하는 놀이를 개발하여 시간을 정해 놓고 '특별히 함께하는' 시간을 더 많이 가져야 한다. 매주 금요일 밤을 아이와 함께 파티를 하는 시간으로 정하면 어떨까?

25 | 때론 의기투합하라

극작가인 도디 스미스는 "진심으로 좋아한다는 것은 이성적인 판단을 뜻하는데, 나는 그런 의기투합이 사랑하는 것보다 더 중요하다고 믿는다. 그런 인간관계는 사랑보다 더 오래 지속되기 때문이다."고 말했다.

아이와 운동경기를 하거나 편을 나눠 게임을 할 때 우리는 서로 잠시나마 의기투합하는 모습을 보이곤 한다. 그런 의기투합은 사랑과는 다른 활동으로, 서로가 친밀해지는 방법의 일종이다. 아이와 생활 속에서 함께 똑같은 경험을 쌓아라. 그러다 보면 아이와 비밀 얘기를 털어놓을 수 있을 만큼 친밀해져 있을 것이다.

26 | 온 힘을 다해 가족을 부양하고, 규율을 스스로 지켜라

좋은 부모가 되려면 해야 할 가장 최우선의 일은 아이를 있는 힘껏 부양하는 것이다. 그 다음으로 필요한 것은 엄한 규율이다. 아이가 마음껏 날개를 펼 수 있도록 부모는 환경을 제공하고(그것이 꼭 물질적 풍요를 의미하진 않는다), 아이가 나쁜 길로 가지 않도록 나름의 원칙을 세워 주어야 한다. 다시 말해, 온 힘을 다해 가정을 지키고, 아이를 사랑으로 끌어안아 주어야 한다. 아이는 가정을 지키려고 애쓰는 부모를 보면서 부모를 존경하는 마음을 갖게 될 것이다.

전경일 이민경 부부의 자녀교육 레시피

27 | 자녀 인생에 적극적으로 동참하라

어떤 연구에 따르면 집 안에서 아빠의 부재가 늘어날수록 아이의 지능 지수는 더 낮고, 비행 청소년이 될 가능성도 높다고 한다. 또 어떤 연구에서는 아빠와 텔레비전 중 하나를 포기하라고 한다면 무엇을 포기하겠냐고 묻는 질문에 3분의 1 이상이 아빠를 포기하겠다고 대답했다. 물론 조사대상이 4~5살짜리 아이들이었지만, 그래도 결과만 놓고 보자면 참 씁쓸한 기분이 드는 건 왜일까? 이 일련의 연구에서 무엇을 알 수 있는가? 아빠가 아이 인생에 얼마큼 동참하느냐에 따라 아이 미래가 어느 정도 결정됨을 알 수 있다. 집에 있을 때조차도 가능하면 아이와 유대감을 강화시킬 수 있는 활동을 하라. 그렇게 하다 보면 틀림없이 좋은 아빠가 될 수 있을 것이다.

28 | 아이 친구 중 적어도 두세 명 정도는 이름을 기억해 둬라

아이가 부모의 무관심을 탓할 때는 이렇게 아이한테 질문하라. '○○와는 요즘도 잘 지내니? 부모가 자신의 친구 이름을 기억하고 있다는 사실에 아이는 부모의 무관심을 탓했다는 사실을 금세 잊어버릴 것이다. 그리고 자신이 부모에게 여전히 관심을 받고 있다는 걸 느끼게 될 것이다.

29 | 밖에서 있었던 일을 안에서도 어느 정도는 말하라

아이가 밖에서 있었던 일을 집에 와서 이야기하는가? 당신은 직장에서 생긴 일을 가족에게 들려주는가? 그렇다면 당신 가족은 아무 문제가 없다. 부모에게 문제가 생기면 아이는 본능적으로 그것을 감지해 낸다. 그런데 부모가 아무런 문제도 없는 것처럼 행동하면 아이는 혼자서 안 좋은 쪽으로만 상상의 나래를 펴서 불안에 휩싸인다. 이럴 때는 차라리 아이에게 사실대로 말해 줘라. 지금은 조금 어렵고 힘들지만 우리에겐 서로가 있으니 힘을 내서 열심히 이겨내자고 말해 주면 된다. 어려울 때 가족에게 자신이 도움이 될 수 있음을 알면 아이 스스로 자신의 가치를 깨닫게 된다.

30 | 질문을 받거든 위로라는 답을 주어라

곤경에 처한 아이가 원하는 것은 그저 그렇고 그런 말로 해주는 충고가 아니라 부모의 위로다. 도움을 청한 아이를 도와줄 때는 부모의 방식이 아닌 아이의 방식으로 이야기해 주어야 한다. 아이에겐 부모가 곁에 있어 주는 것만으로도 위로가 된다. 아이를 양육하는 것은 아이와의 관계를 재정립하고 타협하는 과정이며, 이 과정에서 가장 중요한 것은 개방적인 의사소통이다. 아이가 진정으로 원하는 것은 쉽게 도움을 청할 수 있는 현명하고 성숙된 안내자로서 부모. 아이가 하는 질문에서 정답을 제시해 주려고 하지 말고, 그저 조용히 고개를 끄덕이며 위로해 주어라. 아이는 그것만으로도 부모가 진정으로 자신을 사랑하고 있음을 느끼게 될 것이다.

31 | '잘하는 것' 하나를 찾아내라

다른 사람을 움직여 따르게 하는 사람은 실패를 두려워하지 않는다. 부모가 아이에게 강하게 불어넣고 싶은 리더십이란 스스로 따르는 삶의 자세를 키워 주는 것이다. 가정의 역할이 중요한 것은 이 때문이다. 예를 들어, 긴 겨울방학 동안 늦잠을 잘 거라고 생각했던 아이가 일찍 일어나고, 더군다나 이불까지 말끔히 개어 놓았을 때 부모는 '잘한' 그 일 하나만으로도 아낌없이 칭찬해 주어야 한다. 작아 보여도 스스로 자신의 생활을 관리해 나가는 모습을 볼 때 적극적으로 칭찬해 주자. 아이는 용기와 격려를 받으며 정신적으로도 쑥쑥 자라나게 될 것이다.

32 | 리더십을 키우도록 노력하라

리더십은 어렸을 때부터 개발하고 키워 주는 게 좋다. 예를 들어, 어떤 일이든 가능성을 먼저 생각하는 버릇은 지도자의 자질을 나타내는 징표로 볼 수 있다. 아이가 학교나 놀이에서 어떤 문제가 생겼을 때 그것을 중간에서 잘 조율한다거나 친구들을 하나로 모은다거나 하는 모습을 보인다면 부모는 이것을 더욱더 개발할 수 있도록 도와주어야

전경일 이민경 부부의 자녀교육 레시피

한다. 아이가 다양한 가능성을 시도해 보고 연마할 수 있도록 북돋워 주는 것은 지도자를 키운 부모가 공통으로 한 행동들이다.

33 | 아이의 벤치마킹 대상이 되라

독립심, 진취성, 창의력 등은 모든 부모가 아이에게 바라는 것이다. 아이를 사회에 기여하는 적극적 인물로 키우고자 한다면, 지금이야말로 그 성공의 씨앗을 심어 줄 때다. 모방활동은 차츰 경험과 사고의 폭을 넓히고 창조의 세계로 발전해 나갈 수 있게 한다. 아이가 바라본 세상에서 부모 스스로 벤치마킹 대상이 되어 주지 못한다면, 아이는 가장 가까이서 경험할 세계를 놓쳐 버리게 될 것이다. 아이에게 언제 어디서든 모범이 되어 주되 자신의 방식을 일방적으로 아이에게 강요하지는 말자.

34 | 자신을 '발견'할 수 있도록 도움을 주어라

자기를 재발견하는 일은 어른과 아이 모두에게 흥분되는 일이다. 자기에게 없는 것보다는 자기에게 있는 것을 더 소중히 여기고 발전시켜 나가는 삶의 자세는 중요하다. 이런 삶의 자세가 없을 때 우리는 방황하고 표류하게 된다.

아이에게 자신을 새롭게 발견할 수 있는 기회를 주어라. 자신의 능력과 한계를 아이 스스로 점검할 수 있도록 해주라는 말이다.

35 | 노력이 자기 장래를 만든다는 것을 알게 하라

우리가 흔히 하는 말 중 가장 명백한 거짓말은, "너무 어려서 못한다거나 너무 늙어서 못한다."는 말이다. 어려서 못하는 것 중 상당수는 똑같은 이유로 늙어서도 못하는 것을 아는가? 매번 핑계거리를 찾는다면 아이는 커서도 자신의 요구와 의지로 길을 찾아가기 어려울 것이다. 아이에게 자신의 장래는 스스로의 노력 여하에 달려 있음을 충분히 알려 주어라. 그리고 참을성 있게 자신의 인생을 열어 가도록 격려해 줘라.

36 | 도움을 주기보다는 해결방법을 찾게 하라

자신이 도전한 분야에서 아이가 좌절을 경험하게 된다면 부모로서 어떤 위로와 격려의 말을 해주어야 할까? 어느 부모든 당연히 아이가 슬픔을 딛고 일어서길 바랄 것이다. 이런 부모의 바람을 이루려면 좀 더 슬기로운 방식으로 아이를 가르쳐야 한다.

아이가 슬픔을 딛고 일어나도록 부축해 주는 것만으로는 부족하다. 아이 스스로 다시 일어나려는 열정을 되살리도록 이끄는 것이 중요하다. 그래야 아이가 성공적인 삶을 살아갈 수 있다. 아이가 물에 뜨도록 수영하는 방법을 알려 주어야지 튜브를 끼우고 옆에서 계속 잡아 주는 것은 별로 도움이 안 된다. 도움보다는 스스로 일어설 수 있는 방법을 알려 주라.

37 | 자신감이라는 인생 최고의 자산을 남겨라

아이에게는 저마다 특별한 관심사가 있다. 그 관심사가 무엇인지 부모보다 더 잘 알아낼 수 있는 사람은 없다. 부모의 작은 관심이 아이를 위대한 인물로 키우는 법이다. 평생 자신이 뭘 잘하는지, 뭘 하고 싶은지 모른 채 방황만 한다면 그처럼 안타까운 일도 없다. 부모가 해야 할 일은 아이가 시련 속에서도 꿋꿋이 버텨낼 수 있도록 내적인 힘을 불어넣어 주는 것이다. 그것만큼 아이에게 줄 수 있는 최고의 유산도 없다.

38 | 자신을 최상의 상태로 유지하라

경험에서 하는 말인데, 부모는 신체적으로 매우 건강해야 한다. 내 몸이 피곤하면 만사가 귀찮은 법이다. 그럴 때는 감정을 제어하기가 힘들다. 더구나 부모가 아프기라도 하면 집안 분위기는 침울해진다. 그래서 아이와 행복하게 사는 건 쉽지 않은 일이다. 그만큼 부모가 해야 할 일이 많기 때문이다. 좋은 컨디션은 좋은 부모를 만듦을 잊지 말자. 부모가 건강해야 가정도, 자녀도 건강하다.

39 | 자녀 인생을 존중하라

부모는 아이를 대신하여 자신의 꿈을 이루려고 하지 말아야 한다. 아이는 내가 아니다. 아이한테서 대리만족을 느낀들 무엇하겠는가? 부모의 생각과 아이의 생각이 똑같다면 그건 좋은 게 아니다. 그런데도 부모는 그것을 자랑처럼 떠벌린다. 아이 능력에 맞게, 아이가 원하는 방식으로 살게 하라. 삶은 스스로 살아내는 것이다. 누구도 타인의 삶을 대신 살 수 없다. 피를 나눴다는 이유만으로 많은 부모가 월권을 행사한다. 아이는 자라면서 점점 부모의 영향권 내에 있는 자기 삶에 스스로 회의를 느낄 것이다. 그러니 아이가 스스로 삶을 살도록 인도해 주자. 가끔 도움을 요청하면 그때 개입하면 되는 것이다.

40 | 집중력을 길러 주어라

정신이 건강한 아이는 어떤 일에든 적극적인 호기심을 보인다. 이런 왕성한 호기심은 사물이나 현실 인식 작용을 돕는다. 아이가 어떤 일에 집중할 때 부모는 몰두할 수 있도록 발꿈치를 들고 걷거나 그저 조용히 있으면 된다. 집중을 하면서 아이는 관찰력을 키우고, 나아가 사물과 세상의 이치를 꿰뚫게 될 것이다. 그것이 부모가 진정으로 도와주는 길이다.

41 | 마음속으로 연습하게 하라

자신감을 배양하는 가장 좋은 방법은 마음속으로 자신이 해내려는 바를 그려 보는 것이다. 마음속으로 그리는 그림은 미래를 예측해 봄으로써 아이에게 자신감을 심어 주고, 미래를 구체적으로 형상화시켜 준다. 또 마음을 억제하거나 다스릴 수 있는 통제력도 길러 준다.

42 | 부모의 시야를 넓혀라

아이가 세상의 다양한 면을 접해 보지 못했다면 그들의 관심사가 무엇인지 알아내기 어려울지 모른다. 부모가 아이보다 키가 큰 이유는 더 먼 데를 바라보고, 그 너머의 비전을 아이에게 가르쳐 주기 위해서다. 아이를 대신해 더 넓게 보고, 그것을 그대로 아이에게 알려 줘라. 부모가 세상을 바라보는 시야와 폭에 따라 아이를 큰 인물로 만들 수도, 작은 인물로 만들 수도 있다. 크게 보고 넓게 생각하는 아이를 키워 내고 싶다면 부모부터 달라져야 한다.

43 | 옳음을 실천하는 부모가 되라

옳음 앞에서는 주저하지 말고 과감하게 행동으로 옮겨라. 아이에게 '정직하라', '옳은 일 앞에서 용기를 내라'고 말할 필요가 없다. 따로 말하지 않아도 부모의 행동에서 아이는 자연스럽게 배운다. 옳은 행동만큼 참다운 스승이 없다.

44 | '아이'의 지위를 새롭게 인식하라

아이는 '작은 성인'이다. 어떤 부분에선 부모보다 훨씬 더 훌륭하다. 잘 모르겠다면 자녀가 하는 일련의 선행(어려운 사람에게 동전 주기, 할머니에게 길 안내하기, 열심히 채운 돼지저금통을 불우이웃성금으로 선뜻 내놓기 등)을 꼽아 보라. 어른은 쉽게 하지 않는 일들을 아이는 아무렇지 않게 하고 있을 것이다. 아이는 진정으로 타인의 슬픔에 눈물을 흘리고 함께 가슴 아파해 준다. 경제적 이득이 없어도 친하게 지낸다. 이런 점에서 아이는 부모의 스승이다.

45 | 긍정의 스트레스를 배우게 하라

아무리 사랑스러운 내 자식일지라도 같이 살다 보면 어느 정도의 스트레스는 받게 마련이다. 하지만 스트레스라고 해서 다 부정적인 면만 있는 건 아니다. 그중에는 긍정적

전경일 이민경 부부의 자녀교육 레시피

인 면도 있다. 긍정적인 면이 더 많다고 할 수 있다.

아이가 커갈수록 부모와 자식 간의 관계는 계속 달라진다. 인간도 여느 동물과 마찬가지로 어느 정도 자라면 자신만의 공간을 갖고 싶어 하고, 부모의 곁을 떠나게 된다. 또 누구의 영향권 안에 있기보다는 독자적으로 자기 영역을 개척하고 싶어 한다. 아이가 자라면서 이런 부분이 부딪혀 갈등이 생겨나고, 서로에게 스트레스를 받는다. 그럴 때 부모는 아이가 크는 과정에서 생기는 자연스러운 스트레스라고 긍정적으로 생각을 전환시키면 된다. 그러다 보면 부모와 자식 간에 서로 이해하려는 공감대가 더 넓어질 것이다.

46 │ 네 마당만이라도 깨끗이 쓸어라

아이는 세상의 밝은 면만 보므로 왜 빈곤이나 전쟁, 분규 같은 것들이 있는지 이해하지 못한다. 부모로서 이런 부정적인 부분은 가급적 나중에 알게 되었으면 하고 바라지만 그게 어디 말처럼 쉬울까. 아이가 이 비극들이 왜 일어났는지 물어보거든 솔직하게 대답해 주어라. 그리고 각자 자기 집 마당부터라도 깨끗이 쓴다면 세상이 지금보다 더 나아질 수 있음을 알려 주어라. 그러면 아이의 세상을 보는 눈이 조금은 높아질 것이다.

47 │ 세상의 책무를 알게 하라

자라나는 아이에게 우리는 어떤 의무와 책임을 맡겨야 할까? 부모가 이런 문제의식을 지닌 채 아이를 키운다면 아이는 남다른 능력을 발휘하는 지도자가 될 것이다. 자라나는 아이에게 부와 명예를 추구하는 것만이 삶의 목표인 양 가르친다면 차라리 돼지를 키우는 게 더 나을 것이다. 좀 더 인류애적인 책무를 아는 아이로 키워 보라. 부모가 그런 생각을 한다면 이보다 더 훌륭한 교육은 없다.

48 | 참고 견디는 방법을 배우게 하라

아이에게 인내심을 갖게 하는 건 대단한 교육이다. 시간이 걸리더라도 끝까지 해내는 능력, 자신을 참고 견디는 능력을 가르치는 것은 앞으로 살아갈 삶에서 귀중한 자산을 만들어 주는 것이다. 인내는 실은 우리가 갖고 있는 능력의 전부일지도 모른다. 그러니 그런 중요한 능력을 아이가 키울 수 있도록 도와주자.

49 | 부모도 아이에게서 무언가 배운다는 사실을 알게 하라

아이에게서 배우지 않는 부모가 어떻게 아이를 가르칠 수 있을까? 그리고 그런 부모 밑에서 자란 아이는 또 자신의 아이에게 무엇을 가르칠 수 있을까?

전경일 이민경 부부의 자녀교육 레시피

대한민국에서
부모로 살아가기

생활 속에서 우리 부부가 직접 경험한 것들로 구성한 이 책을 끝까지 함께해 준 독자 여러분께 진심으로 감사의 말을 전한다. 짐작했겠지만 여러분이나 우리 부부나 아이를 키우는 부모로서 아무래도 비슷한 문제나 처지에 놓여 있을 것이다. 물론 이 책을 읽는 동안 같은 부모로서 공감하는 부분이 더 많았을 거라고 생각한다.

이 책에서 우리는 무엇을 발견할 수 있을까? 사소한 것들이 모여 삶을 구성하고, 삶 속에는 끝없는 갈등요소가 있으며, 그것을 해결할 해법은 꼭 있다는 점이다. 그 외 또 무엇이 있을까? 아이와 부모는 엄연히 다르다는 것일 게다. 즉, 아이와 부모의 차별성을 인정해야 한다는 얘기다. 그것 없이 서로 발전을 기대하기란 쉽지 않다.

그 다음으로는 상대를 대하는 방식이다. 여기에는 부모와 자식이라는 특수한 관계도 적잖게 작용한다. 물론 이를 뛰어넘어 인간적이고 인류애적인 생각과 태도를 아이에게 줄 수도 있다. 사적 관계를 공적으로 육성하고 키워 내는 데 부모의 사회적 역할이 있기도 하다.

　　우리는 때가 되면 안쓰러운 마음으로 아이를 세상 밖으로 내보낸다. 새끼가 어느 정도 자라면 절벽으로 밀어서 떨어뜨리는 어미 사자의 마음이 이럴까 싶다. 어리고 미숙했던 인간이 세상으로 나아가 더욱 밝은 빛을 비추는 것을 볼 때 부모의 보람은 충분히 보상받고도 남는다.

　　아이를 키우는 과정은 인간의 경험 중 가장 놀라운 것이다. 어느 누가 이처럼 혼신의 힘을 다해 온 정성을 쏟을 수 있겠는가? 나와 닮았다는 이유로, 피와 살을 나누었다는 이유로 우리는 헌신적이고 무조건적인 사랑을 아이에게 베푼다. 베푸는 것은 받는 것 이상의 기쁨을 안겨 준다. 사랑이란 이처럼 놀라운 경험의 세계로 우리를 인도한다.

　　부모로서 우리 부부는 하나의 목표를 세웠다. 그것은 살아가는 동안 결코 부모다움을 갖추려는 노력을 게을리 하지 않겠다는 것이다. 부모가 자라야 아이도 자란다.

　　아이를 키우면서 한쪽만 일방적으로 혜택을 받는 것이 아닌

양쪽 다 혜택을 받을 수 있도록 하고 싶다. 아이를 키우면서 내가 자라고, 내가 사람으로써 아이도 정신적으로 성장한다면 부모는 지금보다 더욱 고양된 삶을 살아가게 될 것이다. 서로의 성장을 꾀하는 것, 여기에 부모와 자식 간의 진정한 교감이 있다고 우리 부부는 믿는다. 이런 생각에 많은 부모가 동의할 것이다.

우리는 한 인간이 다른 인간을 대하는 태도와 방식을 보면서 부모다운 삶을 훌륭히 살아간다. '아이가 부모를 키운다'는 이 명제를 대신할 만한 것을 우리 부부는 아직까지 발견하지 못했다. 같은 부모로서 여러분은 어떤가? 아이와 함께 각자의 위치에서 아이다움과 부모다움을 함께 익히고 있는가?

스스로를 어떻게 인지하고 있느냐에 따라 부모나 자식의 모습이 결정된다. 부모의 삶이란 어차피 깨달음으로 시작해서 깨달음으로 끝나는 것이다. 그러나 아쉽게도 많은 부모가 끝내 그 깨달음을 얻지 못한다. 아이와 좀 더 인간적인 만남을 꾀하려면 가장 큰 장애물인 자기 마음과 인식의 한계를 먼저 뛰어넘어야 한다. 그 한계를 뛰어넘을 때 우리는 한 단계 더 성숙해진 자신을 발견할 수 있다.

부모가 부모답지 않고서는 자녀를 자녀답게 키울 수 없다. 그러니 오늘 부모답게 되는 데 더욱 충실하자. 아이를 키우면서 부모는 자란다. 그 성장에 끝은 없다.

전경일, 이민경

전경일 이민경 부부의 자녀교육 레시피